Réf. : AP195
Prix : 14 €
ISBN : 978-2-38197-151-3

9 782381 971513

Le Génie
ÉDITEUR

W0264485

SUJETS D'EXAMEN

GESTION ADMINISTRATION

Épreuve E2 : Gestion administrative des relations avec le personnel

Karine ALLART-BOURICHE

Le Génie Éditeur

38, avenue Jean Jaurès - 73000 CHAMBÉRY
Tél. : 04 79 68 22 10 - Fax : 04 79 68 22 11
www.le-genie.com

Maquette : Le Génie Éditeur
Mise en page : Le Génie Éditeur

ISBN : 978-2-38197-151-3

SOMMAIRE

Cette pochette comporte :

- 3 sujets de Métropole / La Réunion / Mayotte : juin 2018 – juin 2019 – **juin 2021**
- 3 sujets des Antilles / Guyane : juin 2018 – juin 2019
- 2 sujets de la session de remplacement : septembre 2018 – septembre 2019 – **septembre 2020 (Antilles)**

N° sujet	Spécialité Session	Nom de l'organisation	Dossiers Travaux demandés	Situations professionnelles du BAC PRO GA correspondantes
1	Métropole Juin 2021 **p. 13**	**RICHARDSON**	**DOSSIER 1 – Remplacement d'un salarié absent** 1.1 Renseigner le formulaire de déclaration d'accident de travail 1.2 Préciser pour chacun des candidats sa présélection ou non et justifier vos choix 1.3 Proposer des solutions pour remplacer le plus rapidement possible un salarié absent	**2.1.1 Tenue et suivi des dossiers des salariés** Compétence visée : Actualiser des dossiers de personnel dans le respect de la législation du travail **2.2.1 Les opérations administratives sécurisent la mise en oeuvre de la démarche de recrutement** Compétence visée : Assurer des opérations administratives liées aux étapes d'un recrutement
			DOSSIER 2 – Suivi de carrières 2.1 Analyser l'opportunité de proposer ce nouveau poste à Monsieur RIAUD 2.2 Évaluer le coût des formations et sélectionner celle permettant le reclassement de Monsieur RIAUD au 01/09/2021 2.3 Proposer des solutions qui permettraient de répondre à la demande de Madame SOLLIS	**2.2.3 Suivi administratif des carrières** Compétence visée : Appliquer à chaque cas traité les règles spécifiques de suivi de carrière
			DOSSIER 3 – Gestion des bulletins de salaire 3.1 Contrôler les fiches de paie du mois de mai des chauffeurs de nuit 3.2 Formuler des éléments de réponse à transmettre à Monsieur JOUVEY 3.3 Suggérer une solution permettant de garantir la sécurisation de la transmission des bulletins de paye	**2.3.1 Préparation des bulletins de salaire** Compétence visée : Renseigner et contrôler la vraisemblance des états préparatoires aux bulletins de salaire
			DOSSIER 4 – Mise à jour du document unique 4.1 Finaliser l'extrait du document unique concernant l'agence d'Irigny en vous aidant de l'analyse des risques professionnels et du guide de procédure d'évaluation 4.2 Sélectionner les axes prioritaires à traiter 4.3 Proposer des mesures de prévention et de protection que la société pourrait mettre en œuvre pour réduire les risques professionnels	**2.4.3 Participation à la mise en œuvre de procédures relevant de la santé et la sécurité** Compétence visée : Produire des supports associés aux procédures santé - sécurité

N° sujet	Spécialité Session	Nom de l'organisation	Dossiers Travaux demandés	Situations professionnelles du BAC PRO GA correspondantes
2	Antilles Septembre 2020	MUT'EDUC	**DOSSIER 1 – Suivi d'un accord d'entreprise sur le handicap** 1.1 Compléter un tableau de bord des emplois RQTH 1.2 Commenter des écarts 1.3 Proposer des actions de sensibilisation	**2.4.2 Préparation des tableaux de bord, des indicateurs sociaux** Compétence visée : Mettre à jour des indicateurs sociaux **2.2.4 Préparation et suivi de la formation du personnel** Compétence visée : Assurer des opérations administratives liées à la formation du personnel
			DOSSIER 2 – Recrutement de conseillers en développement commercial 2.1 Présenter la structure de l'annonce commune aux 3 offres d'emploi 2.2 Rédiger un complément à apporter aux 3 offres d'emploi pour élargir les candidatures 2.3 Suggérer des moyens judicieux de diffusion de l'annonce	**2.2.1 Les opérations administratives sécurisent la mise en oeuvre de la démarche de recrutement** Compétence visée : Assurer des opérations administratives liées aux étapes d'un recrutement
			DOSSIER 3 – Revalorisation salariale pour l'égalité Femme - Homme 3.1 Identifier les salariés éligibles à une augmentation de salaire 3.2 Calculer le montant alloué à la revalorisation salariale 3.3 Lister les informations RH utiles à une prise de décision	**2.2.3 Suivi administratif des carrières** Compétence visée : Appliquer à chaque cas traité les règles spécifiques de suivi de carrière
	p. 43		**DOSSIER 4 – Vérification d'un décompte d'heures complémentaires** 4.1 Déterminer un nombre d'heures complémentaires 4.2 Analyser une situation au regard de la règlementation 4.3 Énoncer des solutions pour pallier l'absence de personnels	**2.3.1 Gestion administrative des temps de travail** Compétence visée : Décompter et planifier le temps de travail

N° sujet	Spécialité Session	Nom de l'organisation	Dossiers Travaux demandés	Situations professionnelles du BAC PRO GA correspondantes
3	Métropole Septembre 2019 **p. 63**	**ROCHE**	**DOSSIER 1 – Le travail à distance, une évolution appréciée par les collaborateurs** 1.1 Traiter ces 5 propositions de travail à distance 1.2 Compléter l'avenant au contrat de travail 1.3 Dresser la liste des cas à contrôler automatiquement **DOSSIER 2 – La formation, un engagement des salariés dans notre culture « responsable »** 2.1 Proposer une utilisation de ce supplément budgétaire 2.2 Proposer et justifier un créneau horaire pour une date la moins contraignante 2.3 Proposer une amélioration de la procédure **DOSSIER 3 – La rémunération, un outil de motivation des collaborateurs** 3.1 Calculer le montant des primes de Nicolas LOUFTI 3.2 Préparer les éléments de réponse à Joël LEGRAND 3.3 Proposer les données à ajouter au modèle de bulletin de paie **DOSSIER 4 – Les indicateurs sociaux, un levier pour garder ses jeunes talents** 4.1 Mettre à jour les indicateurs sociaux du volet EMPLOI du bilan social et sociétal 2018 4.2 Rédiger en quelques lignes l'état des lieux des générations Y et Z 4.3 Énumérer des pistes pour garder les jeunes talents de la génération Y	**2.1.1 Tenue et suivi des dossiers des salariés** Compétence visée : Actualiser des dossiers de personnel dans le respect de la législation du travail **2.2.4 Préparation et suivi de la formation du personnel** Compétence visée : Assurer des opérations administratives liées à la formation du personnel **2.3.1 Préparation des bulletins de salaire** Compétence visée : Renseigner et contrôler la vraisemblance des états préparatoires aux bulletins de salaire **2.4.2 Préparation des tableaux de bord, des indicateurs sociaux** Compétence visée : Mettre à jour des indicateurs sociaux

N° sujet	Spécialité Session	Nom de l'organisation	Dossiers Travaux demandés	Situations professionnelles du BAC PRO GA correspondantes
4	Métropole Juin 2019 p. 89	IRRIJARDIN irrijardin PISCINE · SPA · ARROSAGE	**DOSSIER 1 – Recrutement d'un vendeur en contrat de professionnalisation** 1.1. Calculer le montant d'un salaire mensuel 1.2. Renseigner un contrat de professionnalisation 1.3. Lister les documents qui permettront d'actualiser le dossier d'un salarié 1.4. Proposer des solutions pour assurer un meilleur suivi des dossiers	**2.1.1 Tenue et suivi des dossiers des salariés** Compétence visée : Actualiser des dossiers de personnel dans le respect de la législation du travail
			DOSSIER 2 – Accueil des nouveaux salariés 2.1. Rédiger les éléments d'un paragraphe du livret d'accueil 2.2. Proposer les éléments qui devront figurer sur la page du site internet et ajouter un titre 2.3. Suggérer des solutions d'évaluation	**2.2.2 Participation à la mise en œuvre d'un programme d'accueil** Compétence visée : Appliquer un programme d'accueil **2.4.4 Participation à la mise en place d'activités sociales et culturelles** Compétence visée : Mettre en œuvre des actions à destination du personnel
			DOSSIER 3 – Situation budgétaire de la formation du personnel 3.1. Calculer le coût de formation et faire apparaître les écarts 3.2. Commenter les écarts constatés 3.3. Proposer des solutions pour diminuer le budget	**2.3.3 Participation à la préparation et au suivi budgétaire** Compétence visée : Mettre à jour un état budgétaire et signaler les écarts
			DOSSIER 4 – Contrôle d'un bulletin de paie et information aux salariés 4.1. Rendre compte des éventuelles anomalies sur des documents 4.2. Recalculer un salaire brut tenant compte des anomalies constatées 4.3. Présenter les éléments de réponse aux interrogations de madame FONT	**2.3.1 Préparation des bulletins de salaire** Compétence visée : Renseigner et contrôler la vraisemblance des états préparatoires aux bulletins de salaire **2.1.2 Gestion administrative des temps de travail** Compétence visée : Décompter et planifier le temps de travail

N° sujet	Spécialité Session	Nom de l'organisation	Dossiers Travaux demandés	Situations professionnelles du BAC PRO GA correspondantes
5	Antilles Juin 2019 p. 113	**FRAIKIN**	**DOSSIER 1 – Organisation d'un tutorat** 1.1 Organiser la mise en place du tutorat et justifier vos choix 1.2 Sélectionner et justifier les formations pour monsieur MASSALI 1.3 Proposer une action RH autre que le tutorat et la formation pour améliorer les performances de monsieur MASSALI	**2.2.3 Suivi administratif des carrières** Compétence visée : Appliquer à chaque cas traité les règles spécifiques de suivi de carrière **2.2.4 Préparation et suivi de la formation du personnel** Compétence visée : Assurer des opérations administratives liées à la formation du personnel
			DOSSIER 2 – Gestion de la mutuelle collective obligatoire 2.1 Proposer un document synthétique justifiant le choix d'ADREA mutuelle à partir des garanties offertes 2.2 Compléter le formulaire de souscription à ADREA mutuelle 2.3 Rédiger les réponses aux questions de Loïc LOPES	**2.1.1 Tenue et suivi des dossiers des salariés** Compétence visée : Actualiser des dossiers de personnel dans le respect de la législation du travail **2.1.4 Transmission d'informations à destination du personnel** Compétence visée : Apprécier la nature et le degré de confidentialité de l'information à destination du personnel
			DOSSIER 3 – Suivi des congés payés et absences 3.1 Compléter le planning prévisionnel des congés payés du service carrosserie 3.2 Contrôler l'exactitude des données et préparer les éléments de réponse	**2.1.2 Gestion administrative des temps de travail** Compétence visée : Décompter et planifier le temps de travail **2.3.1 Préparation des bulletins de salaire** Compétence visée : Renseigner et contrôler la vraisemblance des états préparatoires aux bulletins de salaire
			DOSSIER 4 – Transmission d'informations sur les accidents du travail 4.1 Compléter le tableau des indicateurs d'accidentologie du rapport annuel 2018 4.2 Déterminer 3 consignes pour éviter ce type d'accident	**2.4.3 Participation à la mise en œuvre de procédures relevant de la santé et la sécurité** Compétence visée : Produire des supports associés aux procédures santé - sécurité

N° sujet	Spécialité Session	Nom de l'organisation	Dossiers Travaux demandés	Situations professionnelles du BAC PRO GA correspondantes
6	Métropole Septembre 2018	BAT SM	**DOSSIER 1 – Suivi administratif d'un licenciement** 1.1. Rédiger des éléments d'un courrier de licenciement 1.2. Vérifier une attestation à destination de Pôle Emploi 1.3. Assurer la traçabilité d'un suivi administratif	**2.1.1 Tenue et suivi des dossiers des salariés** Compétence visée : Actualiser des dossiers de personnel dans le respect de la législation du travail
			DOSSIER 2 – Formation du personnel 2.1. Renseigner un bulletin d'inscription 2.2. Calculer le montant d'un versement 2.3. Identifier la raison d'un refus de financement	**2.2.4 Préparation et suivi de la formation du personnel** Compétence visée : Assurer des opérations administratives liées à la formation du personnel
			DOSSIER 3 – Gestion des bulletins de salaire 3.1. Contrôler les éléments d'un bulletin de salaire 3.2. Proposer des améliorations dans le traitement administratif	**2.3.1 Préparation des bulletins de salaire** Compétence visée : Renseigner et contrôler la vraisemblance des états préparatoires aux bulletins de salaire
	p. 139		**DOSSIER 4 – Organisation des 20 ans de l'entreprise** 4.1. Préparer les éléments d'un discours 4.2. Évaluer le coût d'un événement à destination du personnel 4.3. Évaluer l'intérêt d'un événement et proposer des modalités d'évaluation	**2.4.4 Participation à la mise en place d'activités sociales et culturelles** Compétence visée : Mettre en œuvre des actions à destination du personnel

N° sujet	Spécialité Session	Nom de l'organisation	Dossiers Travaux demandés	Situations professionnelles du BAC PRO GA correspondantes
7	Métropole Juin 2018 p. 165	**INSTITUT GÉOGRAPHIQUE NATIONAL** IGN INSTITUT NATIONAL DE L'INFORMATION GÉOGRAPHIQUE ET FORESTIÈRE	**DOSSIER 1 – Inscription à un séjour vacances** 1.1. Étudier la recevabilité d'une demande 1.2. Renseigner un formulaire d'inscription 1.3. Proposer un protocole d'amélioration	**2.4.4 Participation à la mise en place d'activités sociales et culturelles** Compétence visée : Mettre en œuvre des actions à destination du personnel
			DOSSIER 2 – Transmission d'informations sur le Compte Personnel de Formation 2.1. Rappeler les modalités et les enjeux du Compte Personnel de Formation 2.2. Mettre à jour un tableau des droits à formation 2.3. Communiquer des données pertinentes	**2.1.4 Transmission d'informations à destination du personnel** Compétence visée : Apprécier la nature et le degré de confidentialité de l'information à destination du personnel **2.2.4 Préparation et suivi de la formation du personnel** Compétence visée : Assurer des opérations administratives liées à la formation du personnel
			DOSSIER 3 – Décompte du temps de travail 3.1. Préparer des éléments de réponse 3.2. Proposer des réponses argumentées 3.3. Élaborer un document permettant de résoudre une difficulté	**2.1.2 Gestion administrative des temps de travail** Compétence visée : Décompter et planifier le temps de travail
			DOSSIER 4 – Mise à jour d'un budget prévisionnel 4.1. Finaliser un budget prévisionnel 4.2. Alerter la hiérarchie des écarts repérés 4.3. Repérer l'impact des choix budgétaires sur la motivation des salariés	**2.3.3 Participation à la préparation et au suivi budgétaire** Compétence visée : Mettre à jour un état budgétaire et signaler les écarts

N° sujet	Spécialité Session	Nom de l'organisation	Dossiers Travaux demandés	Situations professionnelles du BAC PRO GA correspondantes
8	Antilles Juin 2018 p. 187	PORALU MENUISERIES	**DOSSIER 1 – Politique de recrutement des salariés** 1.1. Rédaction d'une annonce d'offre d'emploi 1.2. Proposition d'une procédure de recrutement	**2.2.1 Participation au recrutement du personnel** Compétence visée : Assurer des opérations administratives liées aux étapes d'un recrutement
			DOSSIER 2 – Remboursement des frais de déplacement 2.1. Renseignement de la fiche de remboursement de frais 2.2. Formulation d'une proposition d'évolution des modalités de remboursement des frais professionnels	**2.1.3 Préparation et suivi des déplacements du personnel** Compétence visée : Préparer et contrôler des déplacements
			DOSSIER 3 – Saisie sur rémunération 3.1. Renseignement de l'état préparatoire aux bulletins de salaire 3.2. Proposition d'amélioration de l'état préparatoire aux bulletins de salaire 3.3. Préparation d'une réponse à un salarié	**2.3.1 Préparation des bulletins de salaire** Compétence visée : Renseigner et contrôler la vraisemblance des états préparatoires aux bulletins de salaire
			DOSSIER 4 – Organisation d'un évènement destiné au personnel 4.1. Organisation du déroulement de la journée 4.2. Préparation des éléments du discours du PDG 4.3. Identification de l'impact de la journée sur la cohésion des salariés	**2.4.4 Participation à la mise en place d'activités sociales et culturelles** Compétence visée : Mettre en œuvre des actions à destination du personnel

Récapitulatif des situations professionnelles du Pôle 2 : Gestion administrative des relations avec le personnel traitées dans les études de cas proposées

Classe 2.1. Gestion administrative courante du personnel

	Richardson	MUT'EDUC	Roche	Irrijardin	Fraikin	BAT SM	IGN	PORALU Menuiseries
2.1.1. Tenue et suivi des dossiers des salariés	X		X	X	X	X		
2.1.2. Gestion administrative des temps de travail		X		X	X		X	
2.1.3. Préparation et suivi des déplacements du personnel								
2.1.4. Transmission d'informations à destination du personnel					X		X	X

Classe 2.2. Gestion administrative des ressources humaines

	Richardson	MUT'EDUC	Roche	Irrijardin	Fraikin	BAT SM	IGN	PORALU Menuiseries
2.2.1. Participation au recrutement du personnel	X							X
2.2.2. Participation à la mise en œuvre d'un programme d'accueil				X				
2.2.3. Suivi administratif des carrières	X	X			X			
2.2.4. Préparation et suivi de la formation du personnel		X	X		X	X	X	

Classe 2.3. Gestion administrative des rémunérations et des budgets de personnel

	Richardson	MUT'EDUC	Roche	Irrijardin	Fraikin	BAT SM	IGN	PORALU Menuiseries
2.3.1. Préparation des bulletins de salaires	X		X	X	X	X		X
2.3.2. Préparation des déclarations sociales								
2.3.3. Participation à la préparation et au suivi budgétaire				X			X	

Classe 2.4. Gestion administrative des relations sociales

	Richardson	MUT'EDUC	Roche	Irrijardin	Fraikin	BAT SM	IGN	PORALU Menuiseries
2.4.1. Suivi administratif des obligations liées aux instances représentatives du personnel								
2.4.2. Préparation des tableaux de bord, des indicateurs sociaux		X	X					
2.4.3. Participation à la mise en œuvre de procédures relevant de la santé et de la sécurité	X				X			
2.4.4. Participation à la mise en place d'activités sociales et culturelles				X		X	X	X

ÉPREUVE E2 – Gestion administrative des relations avec le personnel

SITUATIONS PROFESSIONNELLES DU BAC PRO GA MISES EN ŒUVRE :

2.1.1 Tenue et suivi des dossiers des salariés

Compétence visée : Actualiser des dossiers de personnel dans le respect de la législation du travail

2.2.1 Les opérations administratives sécurisent la mise en œuvre de la démarche de recrutement

Compétence visée : Assurer des opérations administratives liées aux étapes d'un recrutement

2.2.3 Suivi administratif des carrières

Compétence visée : Appliquer à chaque cas traité les règles spécifiques de suivi de carrière

2.3.1 Préparation des bulletins de salaire

Compétence visée : Renseigner et contrôler la vraisemblance des états préparatoires aux bulletins de salaire

2.4.3 Participation à la mise en œuvre de procédures relevant de la santé et la sécurité

Compétence visée : Produire des supports associés aux procédures santé - sécurité

Entreprise RICHARDSON

BARÈME INDICATIF

Dossier	Pages	Barème
PRÉSENTATION DE L'ENTREPRISE	15	
Dossier 1 – Remplacement d'un salarié absent • 1.1. Renseigner le formulaire de déclaration d'accident de travail • 1.2. Préciser pour chacun des candidats sa présélection ou non et justifier vos choix • 1.3. Proposer des solutions pour remplacer le plus rapidement possible un salarié absent	17	**/15**
Dossier 2 – Suivi de carrières • 2.1. Analyser l'opportunité de proposer ce nouveau poste à Monsieur RIAUD • 2.2. Évaluer le coût des formations et sélectionner celle permettant le reclassement de Monsieur RIAUD au 01/09/2021 • 2.3. Proposer des solutions qui permettraient de répondre à la demande de Madame SOLLIS	18	**/25**
Dossier 3 – Gestion des bulletins de salaire • 3.1. Contrôler les fiches de paie du mois de mai des chauffeurs de nuit • 3.2. Formuler des éléments de réponse à transmettre à Monsieur JOUVEY • 3.3. Suggérer une solution permettant de garantir la sécurisation de la transmission des bulletins de paie	19	**/20**
Dossier 4 – Mise à jour du document unique • 4.1. Finaliser l'extrait du document unique concernant l'agence d'Irigny en vous aidant de l'analyse des risques professionnels et du guide de procédure d'évaluation • 4.2. Sélectionner les axes prioritaires à traiter • 4.3. Proposer des mesures de prévention et de protection que la société pourrait mettre en œuvre pour réduire les risques professionnels	20	**/15**
Présentation, soin, orthographe et syntaxe		**/05**
TOTAL		**/80**
TOTAL		**/20**

Documents fournis	**Document 1 -** Fiche salarié de Monsieur Jean-Marc BODET **Document 2 -** Échanges de courriels entre Monsieur RUNGIS et Madame SOLLIS **Document 3 -** Fiche de missions Chauffeur-livreur PL **Document 4 -** Candidatures transmises **Document 5 -** Fiche de visite de reprise **Document 6 -** Documentation juridique sur le reclassement **Document 7 -** Entretien professionnel de Monsieur RIAUD **Document 8 -** Fiche de missions Magasinier libre-service **Document 9 -** Extraits de catalogues de formations **Document 10 -** Procédure de remboursement des frais de formation **Document 11 -** Extrait de la convention collective **Document 12 -** État préparatoire à l'établissement de la paie du mois de mai **Document 13 -** Extraits des bulletins de paie de mai des 3 chauffeurs de nuit **Document 14 -** Courriel de Monsieur JOUVEY **Document 15 -** Consignes de Madame SOLLIS **Document 16 -** Extrait du bulletin de paie d'avril de Monsieur JOUVEY **Document 17 -** Analyse des risques professionnels **Document 18 -** Guide de procédure d'évaluation des risques professionnels
Documents à compléter	**Annexe A -** Déclaration d'accident du travail **Annexe B -** Extrait Document Unique

Les annexes sont à rendre avec la copie.

Les autres éléments de réponse sont à composer sur la copie.

PRÉSENTATION DE L'ENTREPRISE

RICHARDSON

La société RICHARDSON est une entreprise familiale française créée à Marseille en 1855 par Monsieur Charles Francis GREEN RICHARDSON, qui gère 124 agences réparties sur tout le territoire français.

Leader dans la distribution de salle de bains, de matériel de chauffage-climatisation, d'énergies renouvelables et de plomberie, RICHARDSON commercialise également de l'outillage, du carrelage et de l'électroménager.

Sa clientèle se compose principalement de professionnels du bâtiment et d'installateurs de chauffage et de salle de bains, de professionnels de l'hôtellerie, de grandes entreprises (ACCOR, VEOLIA, VINCI Énergie, etc.) et aussi des établissements accueillant du public (mairies, hôpitaux, maisons de retraite, etc.). Depuis quelques années, l'offre s'est élargie aux particuliers.

Quatre valeurs sont portées au quotidien par les collaborateurs de l'entreprise : **la responsabilité, le respect, la transparence et la satisfaction des clients**. Ces engagements poussent l'entreprise à proposer un service et un accompagnement de qualité mais aussi à veiller au bon déroulement des livraisons tout en respectant les délais et la sécurité de tous lors des processus de distribution.

L'agence d'Irigny est située en région Auvergne-Rhône-Alpes (ARA), plus précisément dans la région lyonnaise et est dirigée par Luc BARRIER.

Au sein de cette même agence, Madame Florence SOLLIS, responsable des ressources humaines (RRH), exerce de multiples missions telles que la gestion du recrutement, la gestion des carrières, l'organisation de formations, la déclaration des états préparatoires à la paie. De plus, elle a en responsabilité la gestion des salariés pour l'ensemble des agences de la région ARA.

Depuis quelques années, la sécurité du personnel et plus précisément celle des chauffeurs est au cœur des préoccupations de l'entreprise. Le contexte sanitaire a révélé de manière aiguë un problème important concernant l'organisation logistique et plus particulièrement la sécurité des chauffeurs.

Vous êtes recruté en tant que gestionnaire administratif pour assister Madame SOLLIS dans la gestion des ressources humaines.

FICHE D'IDENTIFICATION	
Raison sociale :	RICHARDSON
Dirigeant de l'agence :	Monsieur Luc BARRIER
Adresse :	ZI – 26 rue de la Mouche 69540 IRIGNY
Téléphone/Télécopie :	04 72 66 23 90 – 04 72 39 00 72
Site internet :	www.richardson.fr
RCS LYON :	054 800 958
SIRET :	054 800 958 54179
Code NAF :	4674B
N° Intracommunautaire :	FR 11 054 800 958
Effectif :	108
Convention collective :	Convention collective nationale des commerces de gros
Service de santé au travail :	AST GRAND LYON – 9 av. des Saules – 69600 OULLINS
Durée hebdomadaire du travail :	37,5 heures
Horaires d'ouverture de l'agence :	du lundi au jeudi de 7 h 00 – 12 h 15 / 13 h 30 – 18 h 00 vendredi 7 h 00 - 12 h 15 / 13 h 30 - 17 h 00

ORGANIGRAMME DE L'AGENCE D'IRIGNY au 01/01/2021

RICHARDSON

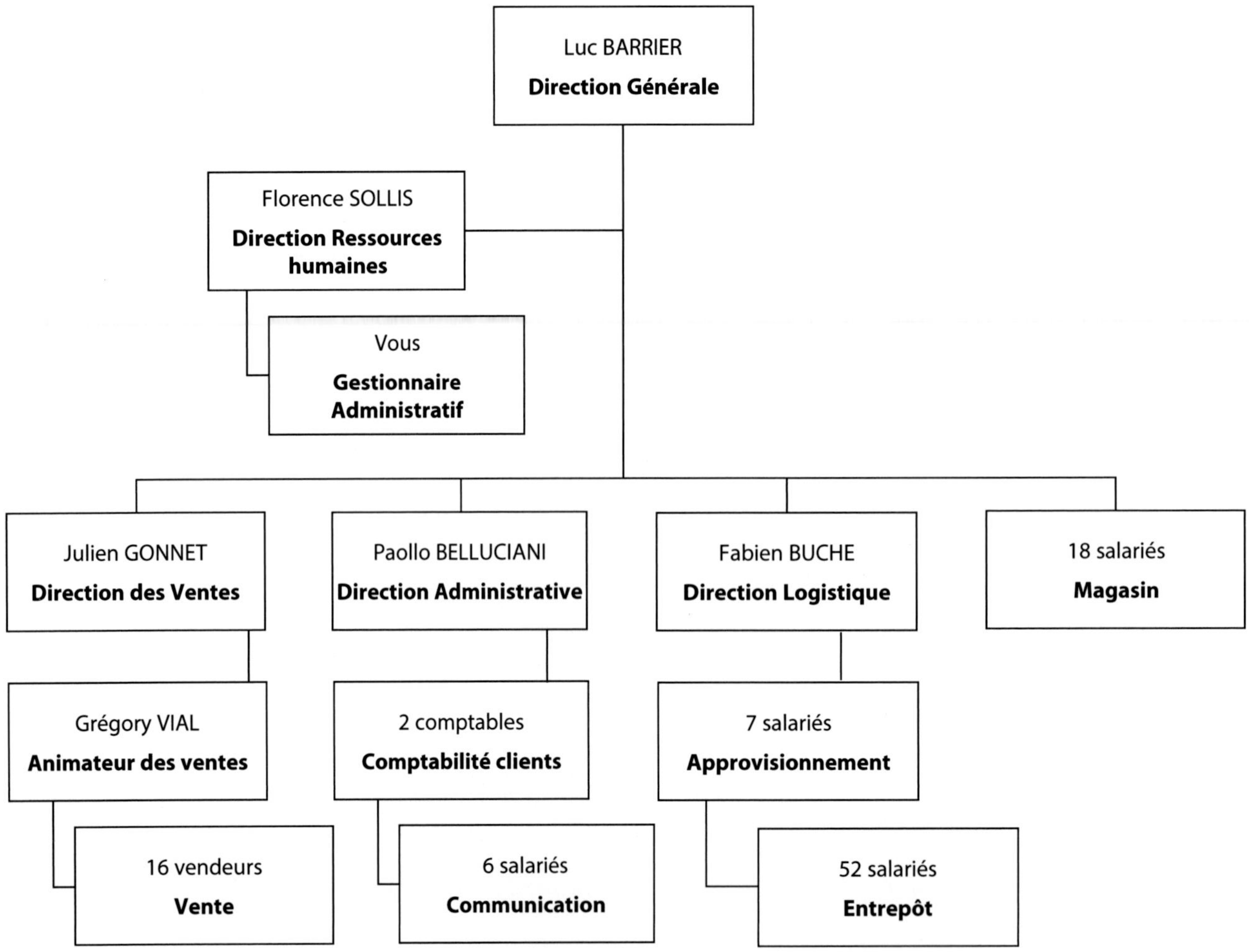

DOSSIER 1 - Remplacement d'un salarié absent

Ce matin, lors du déchargement de marchandises, Monsieur Jean-Marc BODET, chauffeur-livreur de l'agence d'IRIGNY, a été victime d'un accident du travail.

L'obligation de sécurité qui pèse sur l'employeur implique le respect de procédures strictes en cas de survenue d'un accident de travail : le formulaire « Déclaration d'Accident du Travail – DAT » doit être complété dans les 48 heures.

Différents courriels ont été échangés entre Madame SOLLIS et Monsieur Stéphane RUNGIS.

1.1. Renseigner le formulaire de déclaration d'accident du travail. (Annexe A à rendre avec la copie)

Cette situation implique le remplacement rapide du salarié absent afin de ne pas désorganiser les livraisons. Dans un tel contexte, l'entreprise sollicite habituellement Pôle emploi. L'entreprise a reçu un courriel avec 4 candidatures potentielles de chauffeur-livreur.

Madame SOLLIS vous charge d'effectuer une présélection afin de vérifier, entre autres, la validité des permis des chauffeurs, leurs disponibilités, ainsi que le respect des valeurs de l'entreprise.

1.2. Préciser pour chacun des candidats sa présélection ou non et justifier vos choix.

Madame SOLLIS constate que les délais entre la demande de personnel à Pôle emploi et l'arrivée du salarié dans l'entreprise sont trop longs et engendrent des retards parfois importants dans les livraisons.

Elle souhaite remédier à cela et vous demande de lui proposer des solutions qui permettraient de rendre plus rapide la procédure de recrutement en cas d'absence imprévue (maladie, accident du travail...).

1.3. Proposer des solutions pour remplacer le plus rapidement possible un salarié absent.

Ressources à disposition :

- Fiche d'identification de l'entreprise
- Fiche salarié de Monsieur Jean-Marc BODET **(Document 1)**
- Échanges de courriels entre Monsieur RUNGIS et Madame SOLLIS **(Document 2)**
- Fiche de missions Chauffeur-livreur PL **(Document 3)**
- Candidatures transmises **(Document 4)**

DOSSIER 2 - Suivi de carrières

Monsieur Roland RIAUD, chauffeur-livreur, s'est blessé au dos il y a un an. À l'issue de la seconde visite de pré-reprise auprès de la médecine du travail, Monsieur RIAUD est déclaré inapte au poste de chauffeur-livreur. Une mesure de reclassement doit lui être proposée dans la mesure du possible. Après échange avec la direction, une proposition de poste de magasinier libre-service pourrait être faite dans le cadre de ce reclassement.

2.1. Analyser l'opportunité de proposer ce nouveau poste à Monsieur RIAUD.

Madame SOLLIS souhaite accompagner le reclassement de Monsieur RIAUD conformément à l'entretien professionnel et vous propose des offres de formation issues de différents prestataires.

2.2. Évaluer le coût des formations et sélectionner celle permettant le reclassement de Monsieur RIAUD au 01/09/2021.

Les actions de formation constituent un objectif de développement des compétences de l'entreprise et peuvent répondre à des besoins des salariés et notamment lors des propositions de reclassement. Madame SOLLIS vous demande de déterminer l'organisme qui sera en mesure d'assurer la formation de Monsieur RIAUD. Elle précise qu'elle ne privilégie pas les formations distance pour les salariés en reclassement.

2.3. Proposer des solutions qui permettraient de répondre à la demande de Madame SOLLIS.

Ressources à disposition :

- Fiche de visite de reprise **(Document 5)**
- Documentation juridique sur le reclassement **(Document 6)**
- Entretien professionnel de Monsieur RIAUD **(Document 7)**
- Fiche de missions Magasinier libre-service **(Document 8)**
- Extraits de catalogues de formations **(Document 9)**
- Procédure de remboursement des frais de formation **(Document 10)**

DOSSIER 3 - Gestion des bulletins de salaire

Trois chauffeurs assurent le transport des marchandises de nuit entre les différentes agences RICHARDSON. Les livraisons s'effectuent du dimanche 21 h 00 au vendredi 5 h 30.

Chaque mois, Madame SOLLIS collecte les informations auprès des responsables de services et saisit ensuite les variables de paie dans un tableur qu'elle transmet au siège social à Marseille pour la réalisation des fiches de paie. Ces dernières sont ensuite renvoyées à Madame SOLLIS qu'elle contrôle avant remise aux salariés.

3.1. Contrôler les fiches de paie du mois de mai des chauffeurs de nuit.

Monsieur Pierre JOUVEY a été embauché en contrat à durée déterminée depuis le 11 mars 2021 en remplacement d'un chauffeur en arrêt maladie. Il a sollicité par courriel Madame SOLLIS pour obtenir des précisions sur son bulletin de salaire du mois d'avril.

3.2. Formuler des éléments de réponse à transmettre à Monsieur JOUVEY.

À l'heure actuelle, l'ensemble des bulletins de paie est adressé par courrier aux salariés des différentes agences. Madame SOLLIS souhaiterait trouver une autre méthode qui permettrait de gagner du temps et d'assurer une transmission sécurisée des bulletins de paie.

3.3 Suggérer une solution permettant de garantir la sécurisation de la transmission des bulletins de paie.

Ressources à disposition :

- Extrait de la convention collective **(Document 11)**
- État préparatoire à l'établissement de la paie du mois de mai **(Document 12)**
- Extraits des bulletins de paie de mai des 3 chauffeurs de nuit **(Document 13)**
- Courriel de Monsieur JOUVEY **(Document 14)**
- Consignes de Madame SOLLIS **(Document 15)**
- Extrait du bulletin de paie d'avril de Monsieur JOUVEY **(Document16)**

DOSSIER 4 - Mise à jour du document unique

Afin de garantir la santé et la sécurité au travail, l'entreprise RICHARDSON fait régulièrement un inventaire des risques qui menacent ses salariés et plus particulièrement ses chauffeurs qui sont exposés aux dangers liés au chargement et au déchargement des marchandises lourdes.

Le CSE (Comité Social et Économique) se réunit une fois par mois pour traiter des problématiques générales liées au fonctionnement de l'entreprise mais aussi pour veiller aux bonnes conditions de travail des salariés (en matière de sécurité et de bien être notamment). Ce comité a constitué un groupe de travail composé de responsables d'agences de la Région Auvergne-Rhône-Alpes pour actualiser les données concernant les risques professionnels au sein du groupe. À l'issue de leurs travaux, ils ont répertorié les risques professionnels liés à la manipulation de charges en précisant la qualification pour chaque danger. Ils ont transmis des informations au service des ressources humaines de l'agence d'IRIGNY. Madame SOLLIS a commencé à renseigner ce document afin de préparer les réunions du CSE pendant lesquelles elle doit proposer des moyens d'action pour améliorer la sécurité dans ses différentes agences.

4.1. Finaliser l'extrait du document unique concernant l'agence d'IRIGNY en vous aidant de l'analyse des risques professionnels et du guide de procédure d'évaluation. (Annexe B à rendre avec la copie)

4.2. Sélectionner les axes prioritaires à traiter.

4.3. Proposer des mesures de prévention et de protection que la société pourrait mettre en œuvre pour réduire les risques professionnels. (Annexe B à rendre avec la copie)

Ressources à disposition :

- Analyse des risques professionnels **(Document 17)**
- Guide de procédure d'évaluation des risques professionnels **(Document 18)**

DOCUMENT 1 - Fiche salarié de Monsieur Jean-Marc BODET

Employés/BODET Jean-Marc

Modifier | Créer | Imprimer ▼ | Pièce(s) jointe(s) ▼ | Autres options ▼ | 34/200

Nom-Prénom

BODET Jean-Marc

Tags

ASSA | OUSSOU

jean-marc.bodet@richardson.fr

Tél. : poste05

Congés	Évaluation	Contrat CDI
15	1	1
	Feuille temps	Feuille paye
	20	5

Informations publiques | Objectifs | Information personnelle | Paramètres RH

Informations sur le contact

Adresse professionnelle	ZI – 26 rue de la Mouche 69540 IRIGNY
Siret	05480095854179
Téléphone	04 72 66 25 93
Localisation agence	Agence d'IRIGNY

Poste

Qualification	Employé
Titre du poste	Chauffeur-livreur PL
Responsable	Stéphane RUNGIS
Date d'entrée	02/05/1997

Notes

Informations publiques | Objectifs | Information personnelle | Paramètres RH

Nationalité & autres infos

Nationalité	**Française**
N° d'identification (ex : CI, etc.)	2524125896 22
N° de passeport	
Numéro de Compte Bancaire	FR76 1240 6000 5698 4521 4379 457
Autre identifiant (N° INSEE, etc.)	1 65 07 69 383 151 57

Informations sur le contact

Informations personnelle	12 avenue du Général de Gaulle 69390 MILLERY
Tél.	06 24 55 89 20

État

Genre	Masculin
État Civil	Vie maritale
Nombre d'enfants	1

Naissance

Date de naissance	13/07/1965
Lieu de Naissance	Lyon

DOCUMENT 2 - Échanges de courriels entre Monsieur RUNGIS et Madame SOLLIS

De :	stephane.rungis@richardson.fr
À :	florence.sollis@richardson.fr
Objet :	Urgent Accident du travail

Florence,

Ce matin à 7 h 10 lors d'une livraison sur notre site d'Irigny, Jean-Marc BODET, chauffeur, a été victime d'un accident du travail en déchargeant une palette avec le transpalette. La palette s'est coincée dans le hayon (plateforme élévatrice du camion).

Monsieur BODET a tiré un grand coup pour la dégager et s'est blessé. Il ressent de fortes douleurs à l'épaule, l'omoplate et le coude droit. Il doit voir son médecin pour faire constater ses blessures. Je te remercie de faire le nécessaire pour la déclaration d'accident.

Bien cordialement.

Stéphane RUNGIS
Responsable de l'entrepôt
Agence d'Irigny
Tél. : 04 72 66 25 93 – Fax : 04 72 66 25 94

De :	florence.sollis@richardson.fr
À :	stephane.rungis@richardson.fr
Objet :	Re : Urgent Accident du travail

Feuille de soin BODE... (1.2Mo) Retirer

Stéphane,

J'ai bien pris note de l'accident concernant Jean-Marc BODET survenu ce jour.

Cependant, pour compléter la déclaration d'accident je vais avoir besoin d'informations complémentaires.

Quels étaient les horaires de travail de la victime ? Qui a constaté l'accident ? Y a-t-il des témoins ? Si oui, merci de m'indiquer les noms, prénoms et adresses de ceux-ci.

Tu trouveras ci-joint la feuille de soins à remettre à Monsieur BODET pour la prise en charge des soins et te pries de bien vouloir me donner une réponse rapidement afin de respecter les délais de déclaration.

Bien cordialement.

Florence SOLLIS
Responsable Ressources Humaines
Agence d'IRIGNY
Tél. : 04 72 66 23 90 - Fax : 04 72 39 00 72

DOCUMENT 2 - Échanges de courriels entre Monsieur RUNGIS et Madame SOLLIS (suite et fin)

De :	stephane.rungis@richardson.fr
À :	florence.sollis@richardson.fr
Objet :	Re : Re : Urgent Accident du travail

Florence,

Monsieur BODET, s'est présenté à mon bureau accompagné de Mohamed ABIDI, un de nos caristes (4 place de la Résistance 69600 OULLINS). Monsieur BODET m'a décrit les circonstances de l'accident que je t'ai mentionnées lors du précédent courriel. Monsieur ABIDI, témoin, a confirmé les faits de l'accident. Ses horaires de travail sont 05 h 00 – 12 h 30.

Monsieur BODET a, depuis ce matin, vu son médecin qui l'a placé en arrêt de travail pour une durée de trois semaines à compter de ce jour.

Je reste à ta disposition pour tout complément d'information.

Bien cordialement.

Stéphane RUNGIS
Responsable de l'entrepôt
Agence d'Irigny
Tél. : 04 72 66 25 93 – Fax : 04 72 66 25 94

De :	florence.sollis@richardson.fr
À :	stephane.rungis@richardson.fr
Objet :	Re : Re : Re : Urgent Accident du travail

Stéphane,

Je te remercie pour ces informations qui vont me permettre d'effectuer la DAT. Je note donc l'arrêt de travail pour une durée de trois semaines et vais organiser le remplacement de notre chauffeur le plus rapidement possible.

Bien cordialement.

Florence SOLLIS
Responsable Ressources Humaines
Agence d'IRIGNY
Tél. : 04 72 66 23 90 - Fax : 04 72 39 00 72

DOCUMENT 3 - Fiche de missions Chauffeur-livreur PL

RICHARDSON

FICHE DE MISSIONS

INTITULÉ DU POSTE
Chauffeur-livreur PL

MISSION PRINCIPALE
Assurer le transport et la livraison de la marchandise chez le client

FORMATION – QUALIFICATION
Cet emploi est accessible à partir de formations de type CAP/BEP
Être titulaire du permis poids lourd > 3,5 t (permis C1E) et de la FIMO (FORMATION INITIALE MINIMAL OBLIGATOIRE) et de FCO (FORMATION CONTINUE OBLIGATOIRE).

ACTIVITÉS

A. CHARGEMENT
Charger son camion.
Organiser sa tournée.
Vérifier les bons de livraison (BL).
Contrôler le chargement.

B. LIVRAISONS CHEZ LE CLIENT
Effectuer et contrôler le déchargement.
Faire signer le BL et noter toute anomalie.

C. REPRISE MARCHANDISE
Contrôler la quantité et la qualité de la marchandise à reprendre.
Retourner la marchandise et le bon de reprise à l'agence.

D. ENTRETIEN VÉHICULE
Propreté, niveaux, prise de RDV pour entretien mécanique, passage aux mines et tout contrôle obligatoire en accord avec le responsable logistique, faire le suivi.

E. MISSIONS COMPLÉMENTAIRES
Décharger le chronotachygraphe[1] des camions ainsi que sa carte chauffeur auprès du service informatique.

F. QUALITÉS REQUISES
Ponctuel, organisé, rigoureux, disponible, être flexible dans ses horaires.

Respect des valeurs de la société :
responsabilité, transparence, respect, satisfaction des clients.
Le client doit être au centre des intérêts de tous les salariés.

[1] Un chronotachygraphe est un appareil électronique enregistreur de vitesse, de temps de conduite et d'activités (conduite, travail, disponibilité et repos) installé dans un véhicule de transport routier.

DOCUMENT 4 - Candidatures transmises

À	florence.sollis@richardson.fr
CC	
Cci	
Objet :	Re : Recrutement chauffeur

CV Celik GUNMEZ.pdf .pdf Fichier | CV Didier BALLON.pdf .pdf Fichier | CV Hamad SAMAR.pdf .pdf Fichier | CV Sebastien Cosson.pdf .pdf Fichier

Bonjour Madame Sollis,

J'ai bien reçu votre demande relative au recrutement urgent d'un chauffeur livreur (au moins 10 ans d'expérience souhaitée).

Vous trouverez ci-joint les CV de 4 candidats :

- Hamar SAMAR : profil débutant et prometteur, permis à jour. Dernier poste : Géodis (14 mois) : très respectueux des procédures, un contact avec la clientèle à améliorer, a su s'intégrer rapidement, disponible en août 2021 ;
- Didier BALLON : profil très expérimenté, permis à jour. Dernier poste (4 mois) : très respectueux des procédures, disponible immédiatement ;
- Célik GUNMEZ : profil expérimenté, permis à jour, disponible immédiatement ;
- Sébastien COSSON : profil expérimenté, permis à jour, FCO en cours de renouvellement. Dernier poste : Géodis : très professionnel et à l'aise avec les clients, disponible de suite.

J'espère que ces profils vous correspondront.

Bien cordialement,

Marion CATRIENS
Conseillère Pôle Emploi
Tél. : 09 72 72 39 49
VILLEFRANCHE-SUR-SAÔNE

DOCUMENT 4 - Candidatures transmises (suite)

HAMAD SAMAR

CHAUFFEUR-LIVREUR

COORDONNÉES DE CONTACT

21 rue Alain
69560 BRIGNAIS
Tél. : 07 62 79 68 47
hamad.samar@gmail.com

PERMIS ET DOCUMENTS

2020 : Permis C1E (PL > 3.5T)
Carte conducteur et FCO à jour

EXPÉRIENCE PROFESSIONNELLE

Chauffeur PL, Geodis Lyon
Mars 2020-Mai 2021
Transport, livraison et vérification de la marchandise chargée avant le départ
Conduite d'un camion de 19 tonnes
Suivi des consignes données et les feuilles de route associées
Utilisation des scanettes et respect scrupuleux des règles de sécurité

Magasiner, Astic Injonction
Janvier 2020-Août 2020
Préparation et expditions des produits finis dans le respect des consignes et des procédures
Réalisation des inventaires et vérification des saisies dans le système informatique

FORMATION

AFTRAL CFA du transport et de la logistique
CAP Conducteur routier de marchandises

DIDIER BALLON

CHAUFFEUR LIVREUR POIDS-LOURD

Très bonne maîtrise de la conduite et des règles de sécurité sur la route. Souhaitant s'investir dans une structure de transport afin de satisfaire l'ensemble des attentes des clients.

FORMATION PROFESSIONNELLE

2009 : Baccalauréat professionnel Conducteur transport routier de marchandises. AFPA Lyon.

2006 : BEP Conducteur routier.
Lycée Christine Marin. Oyonnax.

EXPÉRIENCE PROFESSIONNELLE

2021 : Chauffeur livreur. Géodis. Genay 69) : chargement et déchargement de la marchandise, vérification de la température des produits, entretien de la relation client.

2020 : Chauffeur livreur. Société STEFF Logistique. Ambérieux (01) : chargement et déchargement de la marchandise, vérification de température des produits, entretien de la relation client.

2009-2020 : Chauffeur livreur. Transports Warin. Lons le Saulnier (39) : préparation des commandes, choix des itinéraires, livraison des marchandises, réclamation des clients.

COORDONNÉES

Rue Paul Thomas
01560 TORCIEU
dondey01@laposte.net
Dom. : 04 74 38 23 99
Port. : 06 01 87 95 23

32 ans, marié
Père de 3 enfants

DOCUMENT 4 - Candidatures transmises (suite et fin)

Sébastien COSSON

CHAUFFEUR ROUTIER

EXPÉRIENCE PROFESSIONNELLE

Chauffeur PL

GEODIS LYON - 2021 (4 MOIS)

- Chargement et déchargement
- Livraison et vérification des livraisons
- Camion de 26 tonnes

Chauffeur de benne

TRANSPORT PASQUIER - 2021 (6 MOIS)

- Livraison en benne céréalière

Chauffeur PL

TRANSPORT PAPALINO - 2016-2020

- Chargement et déchargement
- Tâches administratives (factures, bons de livraison, bons de commande)
- Camion de 26 tonnes et 44 tonnes

Chauffeur PL

TRANSPORT GUISNEL- 2014-2016

- Livraison de marchandises au niveau régionale et international
- Chargement et déchargement
- Entretien du véhicule

FORMATION PROFESSIONNELLE

Lycée professionnel la Floride (Marseille)

CAP CONDUCTEUR LIVREUR DE MARCHANDISES

PROFIL PERSONNEL

Chauffeur routier depuis 5 ans, mon objectif est de trouver un CDI avec des déplacements régionaux.

COMPÉTENCES CLÉS ET PERSONNELLES

FCO, carte conducteur
Sérieux, sens du contact
Ponctuel
Autonome

CONTACTEZ-MOI

65 rue du Puits
69200 VÉNISSIEUX
Tél. : 07 52 59 79 35
Mail : sebcos@gmail.com

Celik GUNMEZ

CHAUFFEUR-LIVREUR

PROFIL PERSONNEL

Chauffeur routier connaissant la navigation, la livraison dans les délais. Présente bien et énergique, fiable et motivé pour accomplir chaque tâche rapidement, efficacement et en toute sécurité. Plus de huit ans d'expérience dans ce domaine avec un connaissance approfondie des règles de pointage.

QUALIFICATIONS ET COMPETENCES

Contact client facile
Lecture de cartes routières
Transport poids lourd
Gestion du chargement
Efficacité et gestion des coûts

COORDONNÉES

15 route de Brest
69360 SOLAIZE
Tél. : 04 77 35 20 13
Port. : 06 32 78 45 21
cgunmez@orange.fr

EXPÉRIENCES PROFESSIONNELLES

CHAUFFEUR ROUTIER

Rave Transilog. Chalon sur Saône | 2011- Aujourd'hui

Mise à jour quotidienne du registre de travail et traçage de toutes les livraisons, Communication systématique entre les entrepôts et les clients, suivi des procédures, des règles de sécurité et du code la route

CHAUFFEUR ROUTIER TRANSPORT INTERNATIONAL

Melun | 2008 - 2011

Livraisons dans toute la région parisienne, vérification de toute la documentation pour la compléter et l'améliorer, maintien du registre du véhicule, de l'enregistrement des cargaisons et des factures en accord avec le règlement, respect du code de la route et suivi des procédures de transports établies.

FORMATION

ÉCENTRE DE FORMATION BLANCHARD

2005 : Permis de conduire B et C

DOCUMENT 5 - Fiche de visite de reprise

AST Grand Lyon

CENTRE MOBILE
CENTRES MOBILES
69627 VILLEURBANNE CEDEX
Tel : 04 72 11 38 76
Fax : 04 72 11 38 79

FICHE DE VISITE
(Exemplaire employeur)

Siège Social : AST Grand Lyon
100 rue du 4 août 1789
69627 Villeurbanne Cedex
Tél : 04-72-11-38-72 / Fax : 04-72-11-38-79

☐ Embauche ☐ Systématique ☒ Reprise ☐ Occasionnelle ☐ Autre :

NOM : RIAUD

PRENOM : ROLAND

ACTIVITE(S) : CHAUFFEUR P.L. CARISTE

ENTREPRISE :
RICHARDSON
6770

Heure d'arrivée : 11H15

Heure de départ : 14h50.

AVIS :

Inapte.

Proposition de reclassement à un poste aménagé : contre-indication aux manutentions répétées de charges et port de charges de plus de 20 kg.

DATE : 21/05/2021

LE MEDECIN : E[illegible]MANN Pascal

DOCUMENT 6 - Documentation juridique sur le reclassement

Que recouvre l'effort de reclassement imposé aux employeurs ?

Lorsque le salarié est déclaré, par le médecin du travail, inapte à reprendre l'emploi qu'il occupait précédemment, l'employeur lui propose un autre emploi approprié à ses capacités. Cette proposition prend en compte, après avis des délégués du personnel lorsqu'ils existent (ou du comité économique et social dans les entreprises dans lesquelles il a été mis en place), les conclusions écrites du médecin du travail et les indications qu'il formule sur les capacités du salarié à exercer l'une des tâches existantes dans l'entreprise. Le médecin du travail formule également des indications sur la capacité du salarié à bénéficier d'une formation le préparant à occuper un poste adapté.

Le périmètre de la recherche de reclassement

L'emploi proposé doit être aussi comparable que possible à l'emploi précédemment occupé, au besoin par la mise en œuvre de mesures telles que mutations, aménagements, adaptations ou transformations de postes existants ou aménagements du temps de travail.

Source : https://travail-emploi.gouv.fr

DOCUMENT 7 - Entretien professionnel de Monsieur RIAUD

ENTRETIEN PROFESSIONNEL
À MENER TOUS LES 2 ANS DANS LE CADRE DE LA RÉFORME DE LA FORMATION

« Art. L. 6315-1.-I. — À l'occasion de son embauche, le salarié est informé qu'il bénéficie tous les deux ans d'un entretien professionnel avec son employeur consacré à ses perspectives d'évolution professionnelle, notamment en termes de qualifications et d'emploi. Cet entretien ne porte pas sur l'évaluation du travail du salarié.

« Cet entretien professionnel, qui donne lieu à la rédaction d'un document dont une copie est remise au salarié, est proposé systématiquement au salarié qui reprend son activité à l'issue d'un congé de maternité, d'un congé parental d'éducation, d'un congé de soutien familial, d'un congé d'adoption, d'un congé sabbatique, d'une période de mobilité volontaire sécurisée mentionnée à l'article L. 1222-12, d'une période d'activité à temps partiel au sens de l'article L. 1225-47 du présent code, d'un arrêt longue maladie prévu à l'article L. 324-1 du Code de la Sécurité sociale ou à l'issue d'un mandat syndical.

« II. — Tous les six ans, l'entretien professionnel mentionné au I du présent article fait un état des lieux récapitulatif du parcours professionnel du salarié. Cette durée s'apprécie par référence à l'ancienneté du salarié dans l'entreprise. L'entretien est ainsi centré sur la formation, la mobilité, le changement de poste, l'acquisition d'une nouvelle qualification et les évolutions prévisibles de votre entreprise.

Salarié

Nom Prénom : *RIAUD Roland* — **Âge :** *37 ans*

Fonction : *Chauffeur Cariste* — **Ancienneté dans la fonction :** *19 ans*

Date de l'entretien : *20 septembre 2020* — **Ancienneté dans l'entreprise :** *4 ans et 7 mois*

Niveau de Formation : *BEP Conduite et services dans les transports routiers*

I. PROJETS ET PERSPECTIVES

Projets professionnels du salarié : Comment voyez-vous votre développement professionnel à court et moyen terme ? (Évolution du contenu du poste, nouvelle implication, mobilité interne, polyvalence, mobilité géographique, autre)

Roland est chauffeur depuis un certain nombre d'années. Il se sent bien dans son poste. Il apprécie la relation client et commence à parfaitement connaître les produits proposés par Richardson, étant donné son ancienneté. Il souhaite se former (logiciel de gestion de stocks) pour aller vers un poste plus sédentaire : magasinier libre-service.

II. PROPOSITIONS D'ACTIONS À SOUMETTRE À LA DIRECTION DE L'UG*

Projets et perspectives	Action de formation externe	Autres actions (tutorat, coaching, accès à l'information, formation interne...)	Délai souhaité
FCO à renouveler (expire fin d'année)	*Renouvellement de la Formation Continue Obligatoire (FCO)*		*3 mois*
Magasinier libre-service		*Formation aux logiciels internes CDECLI et gestion des stocks*	*6 mois*

* Les propositions sont transmises à la Direction qui mentionne dans tableau les actions retenues et dans quel cadre elles seront prises en compte.

III. TABLEAU DES PROPOSITIONS RETENUES PAR LA DIRECTION

TYPE D'ACTION	PLAN DE FORMATION			CPF (préciser si hors TT)	VAE/AUTRE ACTION D'ACCOMPAGNEMENT	OBSERVATIONS
	ACTION 1[1]	ACTION 2[2]	ACTION 3[3]			
FCO		*X*				*Ok recyclage à prévoir avant décembre*
Vendeur magasinier		*X*				*Si poste libre en interne (organiser avec Resp. Magasin)*

[1] Adaptation au poste de travail – [2] Maintien et évolution dans l'emploi - [3] Développement des compétences

Date : le 20 septembre 2020

La Direction	Le responsable hiérarchique	La personne qui a mené l'entretien	Le salarié
L. BARRIER Dir. Général	F. BUCHE Dir. Logistique	F. SOLLIS – RRH	R. RIAUD Chauffeur-cariste
BARRIER	BUCHE	Sollis	Riaud

DOCUMENT 8 - Fiche de missions Magasinier libre-service

RICHARDSON

FICHE DE MISSIONS

INTITULÉ DU POSTE

Magasinier libre-service

MISSION PRINCIPALE

Conseiller et vendre les produits – Réceptionner, préparer les commandes
Veiller au réapprovisionnement et au rangement des zones de stockage.

FORMATION – QUALIFICATION

L'emploi est accessible à partir de formations de type CAP/BEP magasinier/vendeur + 2 ans d'expérience. Une formation interne à la manipulation des chariots élévateurs est prévue pour être autorisé à s'en servir dans l'entreprise.

ACTIVITÉS

1. RELATION CLIENTS
Accueillir et prendre en charge des clients.
Présenter et vendre des produits et des promotions.
Maîtriser les logiciels de gestion de stock (CDECLI).
Éditer le bon de livraison (BL).
Facturer les bons à terme.

2. GESTION COMMERCIALE
Veiller au rangement et la propreté.
Mettre en place des promotions et opérations commerciales au libre-service.
Réimplanter des rayons.
Réapprovisionner les rayons.

3. PRÉPARATIONS
Ranger et coliser les commandes à disposition.
Préparer les commandes client.
Vérifier la préparation avec le client.
Faire signer le BL au client.
Aider le client à charger son matériel dans son véhicule.

4. SUIVI DES COMMANDES
Vérifier la disponibilité du matériel commandé.
Facturer et préparer le matériel.

5. GESTION DES STOCKS
Contrôler l'état des produits et les ranger selon un emplacement précis dans le dépôt.
Préparer le bon SAV (Service Après-Vente) pour les retours du matériel défectueux.
Ranger les produits défectueux en zone retour.

6. APPLIQUER
Les nouvelles et normes de sécurité (port des chaussures de sécurité, gants).
Les procédures du siège et de l'agence.

7. MISSIONS COMPLÉMENTAIRES
Participation aux inventaires.

8. QUALITÉS REQUISES
Rigueur, disponibilité, polyvalence, ponctualité, convivialité, sourire, tenue soignée, rapidité

Respect des valeurs de la société :
responsabilité, transparence, respect, satisfaction des clients.
Le client doit être au centre des intérêts de tous les salariés.

DOCUMENT 9 - Extraits de catalogues de formations

CCI formation

Gestion des stocks et des approvisionnements

Public
- Gestionnaires de stocks en poste.

Objectifs
- Adapter le niveau des stocks en intégrant les flux de l'entreprise.
- Améliorer l'organisation tout en réduisant le coût total du stock.
- Mettre en place des outils de mesure de la performance dans le domaine des stocks.

Moyens pédagogiques et d'encadrement :

Formation interentreprises avec alternance d'apports théoriques et pratiques.
Pédagogie active : échanges, analyses de pratiques, mises en situation, cas réels d'entreprises.
Support de formation remis aux participants.
Groupe de 3 à 8 participants maximum.

Programme

Connaissance de la chaîne logistique et identification des contraintes.
Identification et composition des stocks.
Méthodes pour les besoins quantitatifs.
Réduction des stocks.
Interface technologique avec les outils actuels.
Logiciels de gestion des stocks et de gestion commerciale.

Calendrier :

	Formation de 3 jours à Lyon	Formation de 2 jours à distance
	➜ jeu 8 juillet 2021 ➜ ven 9 juillet 2021 ➜ ven 16 juillet 2021	➜ lun 20 septembre 2021 ➜ mer 10 novembre 2021
TARIFS (non assujetti à la TVA)	1 330 € (déjeuner inclus)	990 €

Complément d'informations

Distances :
Irigny – Lyon : 16 km
Irigny – Villefranche sur Saône : 46 km

Véhicule personnel de M. RIAUD :
Citroën C3 – 6 CV

DOCUMENT 9 - Extraits de catalogues de formations (suite et fin)

maFORMATION

Gestion des stocks et des approvisionnements

Public

- Tout public.
- Gestionnaires de stocks.
- Approvisionneurs (y compris débutants).

Objectifs

- Adapter le niveau des stocks en intégrant les flux de l'entreprise.
- Améliorer l'organisation tout en réduisant le coût total du stock.
- Mettre en place des outils de mesure de la performance dans le domaine des stocks.

Moyens pédagogiques et d'encadrement :

Formation interentreprises avec alternance d'apports théoriques et pratiques.

Pédagogie active : échanges, analyses de pratiques, mises en situation, cas réels d'entreprises.

Support de formation remis aux participants.

Groupe de 3 à 8 participants maximum.

Programme

Optimiser la gestion des stocks.
Réduire les coûts tout en minimisant les risques de pénurie.
Découvrir les logiciels de gestion des stocks et de gestion commerciale.
Traiter les stocks excédentaires ou désuets.

Calendrier :

	Formation de 2 jours à Villefranche-sur-Saône	Formation de 2 jours à Lyon
	➜ jeu 1er juillet 2021 ➜ ven 2 juillet 2021	➜ lun 12 juillet 2021 ➜ mer 13 juillet 2021
TARIFS (non assujetti à la TVA)	990 €	1 150 €

DOCUMENT 10 - Procédure de remboursement des frais de formation

INDEMNISATION DES FRAIS DE FORMATION

Hébergement : 80 €/nuit petit déjeuner inclus (formation à plus de 150 km d'Irigny).

Restauration : 20 € par déjeuner et 25 € par dîner.

Transport avec le véhicule personnel des salariés : frais pris en charge sur la base des indemnités kilométriques 2021 :

Puissance fiscale	Jusqu'à 5 000 km	De 5 001 à 20 000 km
4 CV	d x 0,523	(d x 0,294) + 1 147
5 CV	d x 0,548	(d x 0,308) + 1 200
6 CV	d x 0,574	(d x 0,323) + 1 256
7 CV et plus	d x 0,601	(d x 0,34) + 1 301

DOCUMENT 11 - Extrait de la convention collective

Convention collective nationale de commerce de gros du 23 juin 1970
Titre VI : durée du travail - Travail de nuit (Article 47)

1. Le travail de nuit est autorisé dans les conditions légales.
2. Tout salarié travaillant habituellement de nuit ou par équipe bénéficie d'une prime indépendante du salaire égale à 10 % de son taux horaire pour chaque heure de travail située entre 22 heures et 6 heures. Les avantages déjà acquis à ce titre sont imputables sur cette prime.
3. Outre les majorations prévues ci-dessus, tout salarié effectuant au moins 4 heures de travail entre 22 heures et 6 heures bénéficie de la fourniture d'un casse-croûte ou, à défaut, d'une indemnité d'un montant égal à 1 fois 1/2 le taux horaire minimum garanti.

Les dispositions du présent article ne s'appliquent pas aux gardiens et veilleurs de nuit.

4. Les travailleurs de nuit bénéficient d'une prime de décalage horaire de 40 € par mois de travail. Cette prime est calculée au prorata du temps de travail effectif.

Source : https://www.legifrance.gouv.fr

Nota : les heures structurelles sont les heures portées par le contrat de travail, qui sont supérieures à la base légale du temps de travail.

DOCUMENT 12 - État préparatoire à l'établissement de la paie du mois de mai

Extrait EVP_HEURES - TABLEAU D'INJECTION POUR LA PERIODE DE PAYE DE MAI 2021

DOSSIER	001/	RICHARDSON
ANNEE	2021	
MOIS	5	TYPE EXPORT
	009	Irigny

Matricule	Nom	Prénom	No Situation	Code Agence	Date entrée	Date fin situation	Emploi	Horaire	HEURES SUPPL. 25% EXO.	HEURES SUPPL. 50% EXO.	HEURES STRUCTURELLES 125 %	PRIME HORAIRE DE NUIT 10%	H DIM. ET FERIES 10%	PRIME DECALAGE HORAIRE	PRIME EXCEPTIONNELLE	ABSENCES CONGES PAYES	INDEMNITE DE CASSE CROUTE	REGUL. PRIME HORAIRE DE NUIT 10 %
									PB.B112.A	PB.B122.A	PB.B01U.A	PB.B15T.A	PB.B17V.A	PB.B4T1.C	PB.B510	PB.8A3		PB.B15U
001/90975	BERTIER	CHARLOTTE	1	Achats	28/11/2019	31/12/2069	EMPLOYE(E) ADM OU COMMERCIAL	151,67	2									
001/45590	BELKACEM	AHMED	2	Irigny	15/04/1995	31/12/2068	CHAUFFEUR LIVREUR PL	151,67			10,83	1,11	8	40,00			119,46	
001/90595	GASMI	HALIMA	2	Achats	15/01/2018	31/12/2069	EMPLOYE(E) ADM OU COMMERCIAL	151,67										
001/91114	KURT	BENJAMIN	1	Irigny	15/06/2006	31/12/2070	CHAUFFEUR LIVREUR PL	151,67			10,83	1,32	8	40,00	70,00		119,46	
001/05375	YANG	EMILE	2	Irigny	01/09/2000	31/12/2068	CHAUFFEUR LIVREUR PL	151,67			10,83	1,32	8	40,00		1	114,03	
001/05478	MOISSON	NABILA	2	Achats	01/06/2008	31/12/2069	APPROVISIONNEUR	151,67	3									10,00
001/02540	BLAIN	PAUL	3	Achats	20/06/2007	31/12/2070	RESPONSABLE LOGISTIQUE	151,67								5		
001/53280	ADAM	YANIS	1	Irigny	03/06/2019	31/12/2069	TECHNICO COMM SEDENTAIRE	151,67	15	3								
001/60452	DURIEUX	GILLES	2	Andrezieux	17/10/2016	31/12/2070	TECHNICO COMM SEDENTAIRE	151,67	5	1								

DOCUMENT 13 - Extraits de bulletins de paie de mai des 3 chauffeurs de nuit

RICHARDSON

BULLETIN DE PAIE – MAI 2021

Période : du 01-05-21 au 31-05-21

IRIGNY
BP 5 – 26 R DE LA MOUCHE
69540 IRIGNY
SIRET 054 800 958 54179

Emploi : CHAUFFEUR LIVREUR PL
Date entrée : 15-04-1995
Statut : Employé
Niveau II – Échelon 1

009 – Monsieur BELKACEM Ahmed

56 CHEMIN DES TUPINIÈRES
69008 LYON

			SALARIÉ			EMPLOYEUR	
Rub.	**Libellé**	**Unité base**	**Taux**	**À retenir**	**À payer**	**Taux**	**Montant**
B010	SALAIRE DE BASE	151,67	11,08		1 680,50		
B01U	HEURES STRUCTURELLES 125 %	10,83	13,85		150,00		
B15T	PRIME HORAIRE DE NUIT 10 %	162,50	1,11		180,38		
B17V	HEURE DIM. ET FÉRIÉS 10 %	8,00	1,11		8,88		
B4T1	PRIME DÉCALAGE HORAIRE				40,00		
B900	******TOTAL BRUT DU MOIS******				*****2 059,76**		

RICHARDSON

BULLETIN DE PAIE – MAI 2021

Période : du 01-05-21 au 31-05-21

IRIGNY
BP 5 – 26 R DE LA MOUCHE
69540 IRIGNY
SIRET 054 800 958 54179

Emploi : CHAUFFEUR LIVREUR PL
Date entrée : 15-06-2006
Statut : Employé
Niveau III – Échelon 1

009 – Monsieur KURT Benjamin

18 AVENUE GÉNÉRAL LECLERC
69530 BRIGNAIS

			SALARIÉ			EMPLOYEUR	
Rub.	**Libellé**	**Unité base**	**Taux**	**À retenir**	**À payer**	**Taux**	**Montant**
B010	SALAIRE DE BASE	151,67	13,19		2 000,53		
B01U	HEURES STRUCTURELLES 125 %	10,83	16,49		178,59		
B15T	PRIME HORAIRE DE NUIT 10 %	162,50	1,32		214,50		
B4T1	HEURE DIM. ET FÉRIÉS 10 %				40,00		
B17V	PRIME DÉCALAGE HORAIRE	8,00	1,11		8,88		
B900	******TOTAL BRUT DU MOIS******				*****2 442,50**		

DOCUMENT 13 - Extraits de bulletins de paie de mai des 3 chauffeurs de nuit (suite et fin)

RICHARDSON

BULLETIN DE PAIE – MAI 2021

Période : du 01-05-21 au 31-05-21

IRIGNY
BP 5 – 26 R DE LA MOUCHE
69540 IRIGNY
SIRET 054 800 958 54179

Emploi : CHAUFFEUR LIVREUR PL
Date entrée : 01-09-2000
Statut : Employé
Niveau III – Échelon 1

009 – Monsieur YANG Émile

3 RUE DU PARC
69360 ST SYMPHORIEN D'OZON

			SALARIÉ			EMPLOYEUR	
Rub.	Libellé	Unité base	Taux	À retenir	À payer	Taux	Montant
B010	SALAIRE DE BASE	151,67	13,19		2 000,53		
B01U	HEURES STRUCTURELLES 125 %	10,83	16,49		178,59		
B15T	PRIME HORAIRE DE NUIT 10 %	162,50	1,32		214,50		
B4T1	PRIME DÉCALAGE HORAIRE				40,00		
B8A2	PÉRIODE CONGÉS PAYÉS	Le 04/05/2021					
B8A3	ABSENCES CONGÉS PAYÉS	- 1	127,09	- 127,09			
B8A6	INDEMNITÉ CP ANNÉE DE RÉF.	1	127,09		127,09		
B900	******TOTAL BRUT DU MOIS******				*****2 433,62**		

DOCUMENT 14 - Courriel de Monsieur JOUVEY

De :	jouvey.pierre@gmail.com
À :	florence.sollis@richardson.fr
Objet :	Bulletin de paie avril 2021

Madame,

Je me permets de vous contacter au sujet de mon bulletin de paie du mois d'avril dans lequel je ne comprends pas certains éléments.

Pouvez-vous m'expliquer à quoi correspond le taux de 1,32 et la base de 110,80 ? Comment avez-vous obtenu ces résultats ?

Dans la convention collective, la prime de décalage horaire est un forfait de 40 € par mois travaillé, pourquoi le montant indiqué dans mon bulletin d'avril ne correspond pas ?

Je vous remercie des réponses que vous pourrez m'apporter.

Cordialement.

Pierre JOUVEY

DOCUMENT 15 - Consignes de Madame SOLLIS

De:	florence.sollis@richardson.fr
À:	Vous (Assistant Administratif)
Objet:	Bulletin de paie avril 2021 de Monsieur JOUVEY

Bonjour,

Veuillez apporter des éléments de réponse à Monsieur JOUVEY concernant ses interrogations.

Pour rappel, Monsieur JOUVEY bénéficie de 10,83 heures structurelles/mois. Il a travaillé 15 jours sur les 22 jours ouvrés au mois de mars, il a une régularisation correspondant à un oubli sur le mois dernier.

Bien cordialement.

Florence SOLLIS
Responsable Ressources Humaines
Agence d'IRIGNY
Tél.: 04 72 66 23 90 - Fax: 04 72 39 00 72

DOCUMENT 16 - Extrait du bulletin de paie d'avril de Monsieur JOUVEY

RICHARDSON

BULLETIN DE PAIE – AVRIL 2021

Période: du 01-04-21 au 30-04-21

IRIGNY
BP 5 – 26 R DE LA MOUCHE
69540 IRIGNY
SIRET 054 800 958 54179

Emploi: CHAUFFEUR LIVREUR PL
Date entrée: 10-12-2018
Statut: Employé
Niveau III – Échelon 1

009 – Monsieur JOUVEY Pierre

18 RUE DES FLEURS
69008 LYON

			SALARIÉ			EMPLOYEUR	
Rub.	Libellé	Unité base	Taux	À retenir	À payer	Taux	Montant
B010	SALAIRE DE BASE	151,67	13,19		2 000,53		
B01U	HEURES STRUCTURELLES 125 %	10,83	16,49		178,59		
B15T	PRIME HORAIRE DE NUIT 10 %	162,50	1,32		214,50		
B15U	RÉGUL. PRIME HORAIRE DE NUIT 10 %	110,80	1,32		146,26		
B4T1	PRIME DÉCALAGE HORAIRE				27,27		
B510	PRIME EXCEPTIONNELLE				140,00		
B900	******TOTAL BRUT DU MOIS******				*****2 707,15**		

DOCUMENT 17 - Analyse des risques professionnels

ANALYSE DES RISQUES PROFESSIONNELS
– Pour la santé et la sécurité au travail –
Groupe de travail Région Auvergne-Rhône-Alpes

Risques professionnels	G Gravité des dommages humains potentiels	F Fréquence d'exposition au risque	M Maîtrise du risque
I. Liés au véhicule			
Perte du contrôle du véhicule	Vitale	Rare	Maîtrisé
Accident	Vitale	Rare	Maîtrisé
II. Liés à la personne			
Amende	Faible	Rare	Assez maîtrisé
Retrait de permis	Élevé	Rare	Assez maîtrisé
III. Liés aux conditions de circulation			
Accident	Vitale	Assez fréquent	Aucune maîtrise
Endommagement du véhicule	Faible	Assez fréquent	Assez maîtrisé
IV. Liés aux manipulations de charges			
Écrasement, contusion, choc, mauvaise posture	Grave	Permanent	Peu maîtrisé
Chute, heurt, renversement de charge, rupture	Vitale	Très fréquent	Peu maîtrisé
Défaillance du matériel	Grave	Rare	Maîtrisé

DOCUMENT 18 - Guide de procédure d'évaluation des risques professionnels

GUIDE DE PROCÉDURE D'ÉVALUATION DES RISQUES PROFESSIONNELS **Pour la santé et la sécurité au travail**	Date de mise à jour : 1er janvier 2021

Évaluation de la gravité :

Lorsqu'un danger est identifié au sein d'une activité ou situation de travail, le groupe de travail se pose la question : « Que se passe-t-il si… ? ».

Pour établir la gravité potentielle du dommage, il faut considérer les parties du corps susceptibles d'être touchées, la nature du dommage et le fait qu'il soit irréversible ou non.

Nota : ne pas chercher à exagérer (même dans le « bon sens ») car les mesures à mettre en place seront hiérarchisées en fonction de ces résultats.

G : Gravité des dommages humains potentiels		
Valeurs	Qualification	Compléments
1	Faible	Lésion sans arrêt de travail/gêne inconfort
4	Élevée	Lésion avec arrêt de travail sans séquelle
7	Grave	Lésion entraînant un arrêt de travail avec séquelles
10	Vitale	Lésion pouvant entraîner la mort

Évaluation de la probabilité :

Afin de déterminer la probabilité de survenance, le groupe de travail identifie les aspects suivants :

F. Le nombre de personnes exposées au risque

G. La fréquence et la durée de l'exposition au danger

F : Fréquence d'exposition au risque		
Durée > 4 h 30 Valeurs	Qualification	Compléments
2	Rare	Quelques fois tous les 5 ans
4	Assez fréquent	Quelques fois tous les ans
7	Très fréquent	Quelques fois tous les mois
10	Permanent	Quelques fois toutes les semaines

M : Maîtrise du risque		
Valeurs	Qualification	Compléments
0,1	Maîtrisé	Mesure de prévention adaptée, mise en œuvre permettant de réduire le risque
0,4	Assez maîtrisé	Mesure de prévention existante mais pouvant être améliorée
0,7	Peu maîtrisé	Mesure de prévention non mise en œuvre
1	Aucune maîtrise	Absence de mesure de prévention

Cotation du risque

Résultant de cette évaluation du risque ER, une priorisation des actions à mettre en œuvre peut être proposée :

➜ **Priorité 1 : à traiter en priorité, risque inacceptable (ER > 45).** Le danger ou l'exposition à celui-ci doit être supprimé rapidement ou des mesures de prévention doivent être mises en place afin de faire diminuer l'évaluation du risque au niveau acceptable.

➜ **Priorité 2 : à traiter dans un second temps (28 < ER < 45).** Le danger ou l'exposition à celui-ci n'est pas négligeable et des améliorations ou des mesures de prévention doivent être prises afin de supprimer le danger ou faire diminuer l'évaluation des risques.

➜ **Priorité 3 : à traiter ultérieurement, pas d'amélioration urgente (ER < 28).** Le danger ou l'exposition à celui-ci est réel mais ne présente pas de caractère urgent dans son traitement.

ANNEXE A - Déclaration d'accident du travail

cerfa

N° 14463*02

DAT-PRE

DÉCLARATION

D'ACCIDENT DU TRAVAIL ☐ **D'ACCIDENT DE TRAJET** ☐

(Articles L. 441-1 à L. 441-4 et articles R. 441-2, R. 441-3, R. 441-5 et R. 441-11 du Code de la sécurité sociale)

L'EMPLOYEUR ENVOIE À LA CAISSE PRIMAIRE DE RÉSIDENCE HABITUELLE DE L'ASSURÉ(E) LES TROIS PREMIERS VOLETS DE LA DÉCLARATION PAR LETTRE RECOMMANDÉE AVEC ACCUSÉ DE RÉCEPTION AU PLUS TARD 48 HEURES (non compris les dimanches et jours fériés) APRÈS AVOIR PRIS CONNAISSANCE DE L'ACCIDENT ET CONSERVE LE QUATRIÈME VOLET.

L'EMPLOYEUR (établissement d'attache permanent de la victime) *(se reporter à la notice)*

Nom et prénom ou raison sociale de l'employeur

Adresse

N° de Téléphone

Code postal

N° SIRET de l'établissement d'attache — N° de risque Sécurité Sociale

Nom du service de santé au travail

Adresse

Code postal

LA VICTIME *(se reporter à la notice)*

N° d'immatriculation — À défaut, sexe F M — Date de naissance

Nom et prénom
(nom de famille (de naissance) suivi du nom d'usage (facultatif et s'il y a lieu))

Adresse

Nationalité: Française ☐ / EEE, Suisse ☐ / Autre ☐

Code Postal

Date d'embauche — Profession

Qualification professionnelle — Ancienneté dans le poste de travail

Contrat de travail : CDI ☐ CDD ☐ Apprenti/Elève ☐ Intérimaire ☐ Autre ☐

LES INFORMATIONS RELATIVES A L'ACCIDENT *(se reporter à la notice)*

Date — heure H mn

Lieu de l'accident
(Nom et adresse du lieu de l'accident ou Nom et adresse du chantier)

Précisions complémentaires sur le lieu de l'accident et/ou sur le temps

lieu de travail habituel ☐ — au cours du trajet entre le domicile et le lieu de travail ☐

lieu de travail occasionnel ☐ — au cours du trajet entre le travail et le lieu du repas ☐

lieu du repas ☐ — au cours d'un déplacement pour l'employeur ☐

Numéro de SIRET du lieu de l'accident

(En cas de déclaration par une entreprise d'intérim, indiquer le SIRET de l'établissement utilisateur).

Activité de la victime lors de l'accident

Nature de l'accident

Objet dont le contact a blessé la victime

Eventuelles réserves motivées (joignez, si besoin, une lettre d'accompagnement)

Siège des lésions

Nature des lésions

La victime a été transportée à : — L'accident a-t-il fait d'autre(s) victime(s) ? OUI ☐ NON ☐

Horaire de travail de la victime le jour de l'accident de H mn à H mn et de H mn à H mn

Accident ☐ constaté / ☐ connu le — heure H mn — par l'employeur ☐ par ses préposés ☐ décrit par la victime ☐

☐ l'accident est inscrit au registre d'accidents du travail bénins, le — sous le N°

Conséquences : SANS ARRÊT DE TRAVAIL ☐ AVEC ARRÊT DE TRAVAIL (*) ☐ DÉCÈS ☐

Un rapport de police a-t-il été établi ? NON ☐ OUI ☐ par qui ?

LE TEMOIN ou LA PREMIERE PERSONNE AVISEE *(cocher la case correspondante)*

Le témoin ☐ **ou la 1ère personne avisée** ☐ *(en cas d'absence de témoin)*

Nom et prénom

Adresse

Code Postal

LE TIERS

L'accident a-t-il été causé par un tiers ? OUI ☐ NON ☐

Si OUI, nom et adresse du tiers

Société d'assurance du tiers

Nom et prénom du signataire

Qualité — Signature

Fait à — le

(*) : Important, si l'accident a entraîné un arrêt, remplissez immédiatement l'attestation de salaire S 6202.

DAT-PRE S6200h

ANNEXE B - Extrait Document Unique

DOCUMENT UNIQUE À L'ÉVALUATION DES RISQUES PROFESSIONNELS - IRIGNY								
Représentants – Chauffeur								
L'usage du téléphone est interdit dans le véhicule								
IDENTIFICATION DES DANGERS	**RÉSULTATS DE L'ÉVALUATION DES RISQUES PROFESSIONNELS**	G	F	NR	M	ER	Priorité	Maîtrise des risques
		Gravité des dommages potentiels	Fréquence d'exposition au risque	Niveau de risque = G X F	Maîtrise du risque	Évaluation du risque = NR X M	(1, 2 ou 3)	Mesures de prévention et de protection
I. Liés aux véhicules								Utilisation du téléphone interdit pendant les opérations de conduite du véhicule Respect du Code de la route
Mauvais état du véhicule	Accidents	10	2	20	0,1	2	3	
	Perte de contrôle du véhicule	10	2	20	0,1	2	3	
II. Liés à la personne								Détenir les documents officiels (permis, carte grise…) Rangement du matériel transporté Respect du poids total autorisé en charge Produits totalement interdits
Excès de vitesse	Amendes							
Alcoolisme	Retrait de permis							
Produits psychotropes								
Drogues								
Imprudences								
III. Liés aux conditions de circulation, intempéries	Accident							Vérification du véhicule avant utilisation Équipements de gilets et de triangles Contrôle régulier de la validité des contrôles obligatoires (mines, hayon) Vérification régulière des pneus Respect du délai des visites d'entretien des véhicules Respect des visites de contrôle + antipollution Présence en permanence d'un éthylotest
Mauvais état des routes	Endommagement du véhicule							
IV. Liés aux manipulations de charges								
1. Manuelles	Écrasement, contusion, choc, mauvaise posture							
2. Mécaniques (hayon élévateur, transpalette)	Chute, heurt, renversement de charge, rupture							
	Défaillance du matériel							

ÉPREUVE E2 – Gestion administrative des relations avec le personnel

SITUATIONS PROFESSIONNELLES DU BAC PRO GA MISES EN ŒUVRE :

2.1.2 Gestion administrative des temps de travail
Compétence visée : Décompter et planifier le temps de travail

2.2.1 Les opérations administratives sécurisent la mise en œuvre de la démarche de recrutement
Compétence visée : Assurer des opérations administratives liées aux étapes d'un recrutement

2.2.3 Suivi administratif des carrières
Compétence visée : Appliquer à chaque cas traité les règles spécifiques de suivi de carrière

2.2.4 Préparation et suivi de la formation du personnel
Compétence visée : Assurer des opérations administratives liées à la formation du personnel

2.4.2 Préparation des tableaux de bord, des indicateurs sociaux
Compétence visée : Mettre à jour des indicateurs sociaux

MUT'EDUC

BARÈME INDICATIF

Dossier	Pages	Barème
PRÉSENTATION DE L'ENTREPRISE	45	
Dossier 1 – Suivi d'un accord d'entreprise sur le handicap • 1.1. Compléter un tableau de bord des emplois RQTH • 1.2. Commenter des écarts • 1.3. Proposer des actions de sensibilisation	47	**/20**
Dossier 2 – Recrutement de conseillers en développement commercial • 2.1. Présenter la structure de l'annonce commune aux 3 offres d'emploi • 2.2. Rédiger un complément à apporter aux 3 offres d'emploi pour élargir les candidatures • 2.3. Suggérer des moyens judicieux de diffusion de l'annonce	48	**/15**
Dossier 3 – Revalorisation salariale pour l'égalité Femme - Homme • 3.1. Identifier les salariés éligibles à une augmentation de salaire • 3.2. Calculer le montant alloué à la revalorisation salariale • 3.3. Lister les informations RH utiles à une prise de décision	49	**/20**
Dossier 4 – Vérification d'un décompte d'heures complémentaires • 4.1. Déterminer un nombre d'heures complémentaires • 4.2. Analyser une situation au regard de la réglementation • 4.3. Énoncer des solutions pour pallier l'absence de personnels	50	**/20**
Présentation, soin, orthographe et syntaxe		**/05**
TOTAL		**/80**
TOTAL		**/20**

Documents fournis	**Document 1 -** Réseau des référents handicap du groupe MUT'EDUC **Document 2 -** Obligation d'emploi des travailleurs handicapés (extrait) **Document 3 -** Tableau de bord territorial des emplois RQTH (par centre) 1er semestre 2020 **Document 4 -** Fiche de fonction du conseiller en développement commercial **Document 5 -** Liste des compétences clés des métiers de la relation **Document 6 -** Extrait du site Agefiph **Document 7 -** Extrait du site Pôle emploi **Document 8 -** Procédure d'attribution de l'augmentation liée à l'égalité professionnelle F/H **Document 9 -** Relevé d'heures de Stéphanie LOTTAYE **Document 10 -** Fiche individuelle de Stéphanie LOTTAYE **Document 11 -** Législation sociale pour les temps partiels
Documents à compléter	**Annexe A -** Tableau de bord national des emplois RQTH **Annexe B -** Conseillers en développement éligibles à l'augmentation au titre de l'égalité Femme - Homme **Annexe C -** Montant alloué à la revalorisation « égalité Femme - Homme »

Les annexes sont à rendre avec la copie.

Les autres éléments de réponse sont à composer sur la copie.

PRÉSENTATION DE L'ENTREPRISE

La MUT'EDUC est un acteur majeur de la protection sociale, avec plus de 4 millions de personnes protégées, près de 10 000 salariés et un chiffre d'affaires supérieur à 2 milliards d'euros. Depuis 1947, la MUT'EDUC assure la gestion du régime obligatoire d'assurance maladie des professionnels de l'Éducation Nationale, de l'Enseignement Supérieur, de la Recherche et de l'Innovation, de la Culture, des Sports, de la Transition écologique et solidaire. La MUT'EDUC propose également une complémentaire santé ouverte à tous les publics.

La MUT'EDUC est un acteur de l'Économie Sociale et Solidaire (ESS) qui porte haut quatre valeurs sociales :

- **La libre adhésion :** les membres de l'organisation ont la liberté de participer et de se retirer à tout moment ;
- **La solidarité :** l'ESS repose sur le principe de la solidarité entre les membres de l'organisation et la participation à un projet collectif ;
- **La non-lucrativité :** les bénéfices sont redistribués au service du projet de l'organisation et non des actionnaires ;
- **La gestion démocratique :** l'ensemble des membres de l'organisation participent aux décisions avec application du principe « une personne = une voix ».

Le siège social situé à Paris a en charge les fonctions support à savoir la comptabilité, les ressources humaines et les métiers liés à l'informatique. Les missions liées à la gestion des RH sont assurées par le siège social et deux centres de gestion (Lille et Rennes).

L'organisation de la MUT'EDUC se répartit sur l'ensemble du territoire :

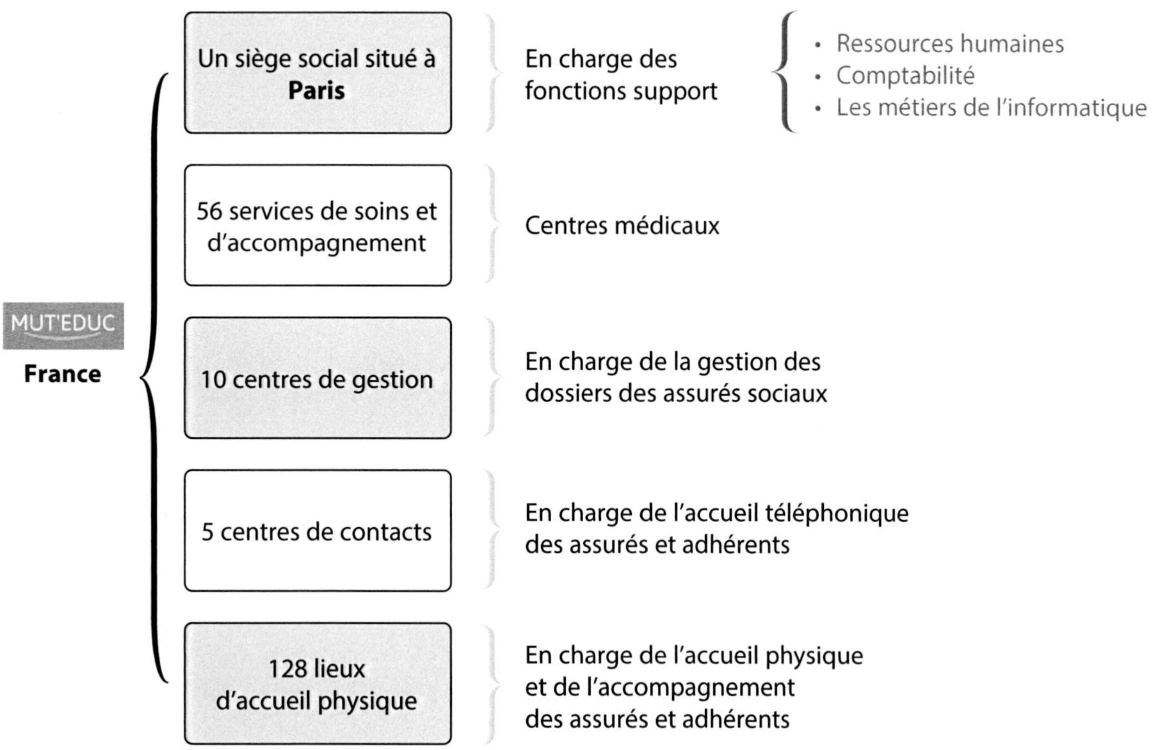

Depuis septembre 2017, la MUT'EDUC fait partie du groupe Vyz, 1er acteur mutualiste de santé et de protection sociale en France. Elle est un acteur économique fortement engagé sur le principe de l'égalité Femme - Homme et sur le handicap. Cela se traduit au niveau de plusieurs thématiques : l'embauche, la rémunération du personnel et l'organisation du travail.

Vous travaillez au siège social en qualité de gestionnaire administratif rattaché à la direction développement RH Assurances, sous la responsabilité de Madame Sofia DEAT.

MUT'EDUC

PRÉSENTATION DE LA MUT'EDUC

Raison sociale :	MUT'EDUC Mutuelle générale de l'Éducation Nationale
Président :	Roland BERTHIER
Directrice générale :	Isabelle HUMBERT
Création :	1947
Effectif :	10 000 salariés répartis sur l'ensemble du territoire
Statut juridique :	Mutuelle soumise aux dispositions du Livre II du Code de la mutualité
Siège social :	3 square Max-Hymans 75748 PARIS Cedex 15
Téléphone :	01 40 47 23 55
Site internet :	https://www.mut-educ.fr/
Adresse électronique RH :	sdeat@mut-educ.fr
SIREN :	775 685 399
Code NAF :	6512Z
Convention collective :	Mutualité
Durée hebdomadaire légale du travail :	35 heures

ORGANIGRAMME DU SERVICE DÉVELOPPEMENT RH ASSURANCES
Au 1er juin 2020

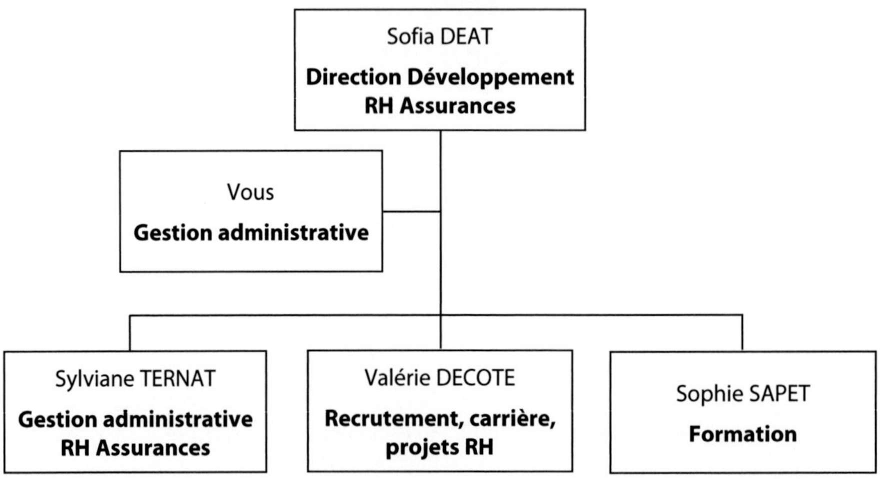

DOSSIER 1 - Suivi d'un accord d'entreprise sur le handicap

Le groupe MUT'EDUC a signé un 4e accord handicap pour la période 2018-2020 en s'engageant sur plusieurs axes : le recrutement, le maintien dans l'emploi et la création d'un réseau de référents handicap sur l'ensemble du territoire.

La mise en place de référents handicap a été réalisée et ces personnels ont besoin d'être accompagnés pour mener à bien l'ensemble de leur mission. Dans le cadre du bilan semestriel, il revient aux référents de mesurer les avancées du groupe en matière de recrutement de personnes RQTH (Reconnaissance de la Qualité de Travailleur Handicapé) et de proposer des actions ou évènements de sensibilisation au handicap.

Madame DEAT a centralisé les dernières données quantitatives territoriales des 15 référents handicap relatives au taux d'emploi des personnes RQTH au titre du 1er semestre 2020. Elle vous demande de l'assister pour établir le tableau de bord national.

1.1. Compléter le tableau de bord national des emplois RQTH. (Annexe A à rendre avec la copie)

1.2. Commenter les écarts entre 2019 et 2020 par rapport à l'obligation d'emploi de la MUT'EDUC.

Il semblerait que le personnel du groupe MUT'EDUC ne soit pas assez sensibilisé sur le thème du handicap.

1.3. Proposer des actions permettant une sensibilisation du personnel sur ce thème.

Ressources à disposition :

- Réseau des référents handicap du groupe MUT'EDUC **(Document 1)**
- Obligation d'emploi des travailleurs handicapés (extrait) **(Document 2)**
- Tableau de bord territorial des emplois RQTH (par centre) 1er semestre 2020 **(Document 3)**

DOSSIER 2 - Recrutement de conseillers en développement commercial

La MUT'EDUC a des besoins de recrutement sur des postes de conseillers en développement commercial, notamment en Île-de-France, sur Bordeaux et Lyon. Elle souhaite intégrer des candidats particulièrement sensibles à l'économie sociale et solidaire et désireux de travailler pour une entreprise responsable.

Trois procédures de recrutement sont en cours et Sofia DEAT souhaite vous associer à l'élaboration de ces offres d'emploi sur trois zones géographiques.

2.1. Présenter la structure de l'annonce commune aux trois offres d'emploi et les éléments à mentionner.

Dans le cadre de l'accord handicap pour la période 2018-2020, la Mission Handicap DRH Groupe souhaite augmenter le nombre de recrutements de personnes RQTH.

2.2. Rédiger un complément à apporter aux trois offres d'emploi pour élargir les candidatures à des personnes porteuses de handicap.

La bonne diffusion des offres d'emploi est une étape importante pour garantir des candidatures adaptées au poste à pourvoir. Madame DAET sait qu'une diffusion massive n'est pas toujours pertinente.

2.3. Suggérer des moyens judicieux de diffusion de l'annonce pour les trois offres d'emploi.

Ressources à disposition :

- Fiche de fonction du conseiller en développement commercial **(Document 4)**
- Liste des compétences clés des métiers de la relation **(Document 5)**
- Extrait du site Agefiph **(Document 6)**
- Extrait du site Pôle emploi **(Document 7)**

DOSSIER 3 - Revalorisation salariale pour l'égalité femme - homme

L'engagement du groupe MUT'EDUC sur le principe de l'égalité Femme - Homme implique un contrôle annuel des rémunérations. Une enveloppe spécifique est attribuée pour l'application de l'accord relatif à l'égalité professionnelle entre les hommes et les femmes.

Sofia DEAT est en charge de la centralisation des cas de collaborateurs éligibles à une revalorisation salariale, dans le respect du budget alloué. Elle traite aujourd'hui les informations du centre de gestion de Lyon.

3.1. Identifier les salariés pouvant bénéficier d'une augmentation de salaire au titre de l'égalité Femme – Homme. (Annexe B à rendre avec la copie)

3.2. Calculer le montant alloué à la revalorisation salariale relatif à l'égalité professionnelle entre les femmes et les hommes. (Annexe C à rendre avec la copie)

Dans le cadre de la procédure, le manager opérationnel des conseillers en développement commercial doit indiquer si les écarts de rémunération des salariés éligibles sont justifiés. La direction des ressources humaines (DRH) souhaite mettre à sa disposition des éléments permettant un positionnement argumenté pour la répartition de l'enveloppe financière dédiée à la revalorisation salariale.

3.3. Lister les informations disponibles dans les dossiers RH des salariés à mettre à disposition des managers.

Ressources à disposition :

- Procédure d'attribution de l'augmentation liée à l'égalité professionnelle Femme - Homme **(Document 8)**

DOSSIER 4 - Vérification d'un décompte d'heures complémentaires

Sur le centre de contact de Nantes, Philippe DUCHIRON, téléconseiller est en arrêt maladie depuis le mois de mars. Pour le bon fonctionnement du service, il a été demandé à plusieurs salariés du centre, dont Stéphanie LOTTAYE, d'effectuer des heures supplémentaires ou complémentaires.

La prolongation du congé maladie de Monsieur DUCHIRON jusqu'au 31 juillet alerte Sofia DEAT sur la possibilité de solliciter encore Madame LOTTAYE, salariée à temps partiel, sans être dans l'obligation de modifier son contrat de travail.

4.1. Déterminer le nombre d'heures complémentaires effectuées par Madame LOTTAYE pour la période du 23/03 au 14/06/2020.

4.2. Analyser la situation de Madame LOTTAYE afin de répondre à l'interrogation de Sofia DEAT.

4.3. Énoncer d'autres solutions qui s'offrent à la MUT'EDUC pour pallier l'absence durable de salariés.

Ressources à disposition :

- Relevé d'heures de Stéphanie LOTTAYE **(Document 9)**
- Fiche individuelle de Stéphanie LOTTAYE **(Document 10)**
- Législation sociale pour les temps partiels **(Document 11)**

DOCUMENT 1 - Réseau des référents handicap du groupe MUT'EDUC

En tant qu'employeur responsable, le groupe MUT'EDUC a signé un 4e accord handicap triennal pour la période 2018-2020. 15 référents handicap couvrent l'ensemble du territoire. Le Référent Handicap est en relation avec la Responsable Mission Handicap DRH Groupe.

Le déploiement de ce réseau permet d'accélérer la mise en œuvre de notre politique handicap et facilite l'atteinte des objectifs fixés dans l'accord. Les assistants administratifs ont été identifiés pour assurer le rôle du référent handicap sur les centres de gestion et sur les centres de contact.

Missions référent handicap	Activités Référent handicap
Suivre les demandes d'aménagement de postes individuels des salariés en situation de handicap reconnue	• Réceptionne et constitue les demandes d'aménagement de poste • Élabore la fiche recueil des besoins, veille à la complétude du dossier • Transmet le dossier à Mission Handicap DRH pour validation • Assure le suivi des phases test de matériel en prêt • Organise la réception du matériel dans le site et suit la bonne installation du matériel
Contribuer à la sensibilisation au handicap en local	• Contribue à la réalisation d'événements de sensibilisation sur site • Propose des actions • Assure les relations avec les partenaires externes pour la mise en œuvre des actions de sensibilisation sur site (logistique, affichage…)
Orienter les salariés vers Mission Handicap	• Écoute et analyse les demandes d'accompagnement liées aux démarches de reconnaissance de travailleur handicapé
Assurer le reporting auprès de la Mission Handicap DRH Groupe	• Renseigne le tableau de bord territorial en ligne

DOCUMENT 2 - Obligation d'emploi des travailleurs handicapés (extrait)

Entreprises concernées

Toute entreprise employant au moins 20 salariés est soumise à cette obligation.

Le seuil de 20 salariés s'apprécie en équivalent temps plein (ETP) au 31 décembre pour chaque établissement dans le cas d'entreprises à établissements multiples (ou au 1er janvier dans le secteur public).

Les entreprises nouvellement créées, ou celles dont l'effectif a atteint le seuil de 20 salariés, disposent d'un délai de 3 ans avant d'être soumises à cette obligation.

Pour les entreprises de travail temporaire, cette obligation ne concerne que les salariés permanents et non les intérimaires.

Bénéficiaires de l'obligation d'emploi

L'obligation d'emploi concerne tous les salariés du secteur privé ou public quelle que soit la nature du contrat.

L'entreprise doit respecter un quota de 6 % de l'effectif de l'entreprise (2 % à Mayotte). Le résultat obtenu est, au besoin, arrondi à l'entier inférieur.

Par exemple, un établissement comptant un effectif d'assujettissement de 38 salariés doit employer 2 travailleurs handicapés (38 x 6 % = 2,28, arrondi à 2).

Source : travail-emploi.gouv.fr/emploi/emploi-et-handicap/

DOCUMENT 3 - Tableau de bord territorial des emplois RQTH (par centre) 1er semestre 2020

Nature des contrats	Centre de gestion n° 1	Centre de gestion n° 2	Centre de gestion n° 3	Centre de gestion n° 4	Centre de gestion n° 5	Centre de gestion n° 6	Centre de gestion n° 7	Centre de gestion n° 8	Centre de gestion n° 9	Centre de gestion n° 10	Centre de contacts n° 1	Centre de contacts n° 2	Centre de contacts n° 3	Centre de contacts n° 4	Centre de contacts n° 5
CDI	43	36	27	44	12	25	62	33	23	17	9	43	15	53	12
CDD - CTT	20	17	12	20	5	12	22	15	11	7	5	15	6	22	5
Contrat d'alternance	2	0	0	3	0	1	3	1	0	1	0	2	1	3	0
Sous-traitance	1	0	0	1	0	0	0	0	0	0	0	0	0	0	0

DOCUMENT 4 - Fiche de fonction du conseiller en développement commercial

Filière métier	Développement mutualiste (MUTUAL) MUT'EDUC
Coefficient	T2
Identification	Convention collective : UGEM (U)
Fonction métier	Conseiller en développement commercial
Contenu	**Finalité de la fonction/du métier** Prospecter et développer le portefeuille, promouvoir l'ensemble des offres individuelles (offre globale et offres additionnelles) et des services assurés par le Groupe MUT'EDUC et ses partenaires, en mettant en œuvre des plans d'actions adaptés. **Activités principales** Prospecter, développer le portefeuille pour atteindre les objectifs fixés. • Conseiller les assurés sociaux, les mutualistes, les prospects. • Promouvoir les offres, les services et l'image du Groupe MUT'EDUC auprès des prospects et des mutualistes ; concrétiser les adhésions et les souscriptions. • Proposer un plan d'action pour explorer de nouveaux champs, avec notamment le support d'une cartographie. Prendre en charge la déclinaison locale des campagnes nationales de développement sur l'ensemble des offres (appels sortants). Mettre en œuvre le plan de développement de la Section. • Participer à l'élaboration d'un plan d'action spécifique par cible. • Contribuer à la diffusion des bonnes pratiques au sein de la section. Participer à la mise en œuvre des actions pour animer le réseau, notamment le réseau des correspondants ; présenter à différents publics, lors de réunions, l'ensemble des offres et des services assurés par le Groupe MUT'EDUC et ses partenaires. **Activités secondaires** Participer à l'accueil des assurés sociaux, des mutualistes, des prospects et des correspondants. Participer à des réunions techniques et à des projets de développement menés par la région. Participer à des actions ponctuelles visant à accompagner et suivre des salariés au poste de travail, pour d'autres sections départementales de la région.

DOCUMENT 5 - Liste des compétences clés des métiers de la relation

PROFIL DE COMPÉTENCES CLÉS	MUT'EDUC
Compétences métier	
Pratiquer une écoute active pour établir un bon diagnostic (CPT001)	Maîtrisé
Créer un bon climat relationnel avec son interlocuteur (CPT004)	Maîtrisé
Réaliser un traçage efficace dans les outils (CPT006)	Maîtrisé
Conseiller et promouvoir les offres et services adaptés au besoin identifié (CPT007)	Maîtrisé
Conclure l'entretien : obtenir un rendez-vous (CPT009)	Maîtrisé
Proposer et réaliser des plans d'actions (CPT012)	Maîtrisé
Réaliser des supports de communication (CPT014)	Maîtrisé
Savoir rédiger (CPT032)	Maîtrisé
Prendre la parole en public (CPT033)	Maîtrisé
Appliquer les règles et procédures définies par l'entreprise (CPT036)	Maîtrisé
Rendre compte de son activité (CPT037)	Maîtrisé
Adopter une posture service client (CPT039)	Capacité à transmettre
Être disponible et bienveillant (CPT040)	Maîtrisé
Faire preuve de rigueur et de précision (CPT041)	Maîtrisé
Participer à la vie quotidienne de l'équipe et du centre / section (CPT043)	Maîtrisé
Valoriser l'image de la MUT'EDUC (CPT046)	Maîtrisé
Réaliser le reporting exigé par la structure (CPT090)	Maîtrisé
Être force de proposition (CPT042)	Maîtrisé
S'adapter aux évolutions de l'organisation, des processus métiers et des outils (CPT045)	Maîtrisé
Gérer son temps (CPT034)	Améliorable
Maîtriser les applications métiers et les outils bureautiques (CPT038)	Maîtrisé
Identifier les cibles à travailler, les nouveaux champs de recrutement (CPT011)	Maîtrisé
Planifier et anticiper l'organisation des événements commerciaux (CPT013)	Maîtrisé
Présenter une présentation commerciale (CPT015)	Maîtrisé
Connaître et prendre en compte la concurrence dans ses activités de conseil (CPT010)	Maîtrisé
Mener un appel structuré et/ou proposer une réponse cohérente (CPT005)	Maîtrisé
Maîtriser la démarche globalisée (multi-équipement) (CPT008)	Maîtrisé
Conclure l'entretien : réaliser une souscription (CPT092)	Maîtrisé
Présenter des sujets techniques en réunion (CPT029)	Maîtrisé
Accompagner les nouveaux entrants et les autres salariés du centre au poste de travail (CPT091)	Maîtrisé
Créer et entretenir un réseau de contacts avec ses pairs (CPT044)	Maîtrisé

DOCUMENT 6 - Extrait du site Agefiph

agefiph
ouvrir l'emploi
aux personnes handicapées

Comment recruter des personnes handicapées ?

https://www.agefiph.fr/

Si le recrutement d'une personne handicapée s'inscrit globalement dans le même process que celui de n'importe quel collaborateur, il se distingue aussi par certaines spécificités. Tour d'horizon.

Au même titre que n'importe quel recrutement, celui d'une personne handicapée est d'abord une question de compétences. La première question à vous poser reste : ses diplômes et ses expériences professionnelles sont-ils en adéquation avec le poste pour lequel je recrute ? Gardez à l'esprit qu'à de rares exceptions près, la plupart des postes de travail peuvent être – moyennant d'éventuels aménagements – occupés par une personne handicapée. De même, tous les types de contrats sont mobilisables : CDI, CDD, CIE (contrat initiative emploi)… Les contrats en alternance (apprentissage, qualification) présentent l'avantage d'intégrer le candidat handicapé tout en le formant.

Construisez votre réseau

Faire connaître votre entreprise, vos métiers et votre engagement en faveur du handicap sont les meilleurs moyens de susciter des candidatures spontanées.

Devenez-vous aussi Activateur de progrès en inscrivant votre entreprise dans un programme national qui valorise l'insertion des personnes handicapées et démontre que leurs différences et leurs compétences contribuent au progrès des entreprises et de l'ensemble de la société.

Avec nos partenaires, **nous organisons régulièrement des opérations destinées à faciliter la rencontre entre les entreprises et les personnes handicapées**. Toute l'année, et particulièrement au mois de novembre, lors de la Semaine européenne pour l'emploi des personnes handicapées, de nombreuses manifestions (forums, visites d'entreprises, simulations d'entretien…) sont organisées. Prenez contact avec l'Agefiph* dans votre région pour connaître le programme et proposer la participation de votre entreprise.

Ciblez les compétences plutôt que les diplômes

Lorsque vous publiez une offre d'emploi, à la formulation « recherche hôte ou hôtesse SAV bac + 2 – expérience de 3 ans sur poste similaire », préférez « maîtrise des techniques de secrétariat et des logiciels informatiques – bon relationnel et capacité d'organisation ».

En effet, si vous formulez votre offre en insistant sur le savoir-faire, plutôt que sur les diplômes, cela vous permettra d'attirer des profils plus larges, mais tout aussi compétents.

Agefiph* : *L'Association de gestion du fonds pour l'insertion des personnes handicapées*

DOCUMENT 7 - Extrait du site Pôle emploi

pole-emploi.fr

Handicap et recrutement

En recrutant des personnes en situation de handicap, les entreprises renforcent leur marque employeur et peuvent prétendre à des aides financières, tout en répondant à leurs obligations légales. Des conseils et des infos dans cet article.

LA RÉDACTION DE L'OFFRE D'EMPLOI

Si vous souhaitez attirer les candidatures des travailleurs handicapés, vous avez la possibilité de rendre votre offre d'emploi plus attractive, sous réserve de respecter certaines règles lors de sa rédaction.

En effet, même si les entreprises ont l'obligation d'embaucher des travailleurs handicapés, elles ne **peuvent pas pour autant leur réserver des postes** au risque d'être accusées de discrimination.

Vous ne pouvez écarter d'emblée la candidature d'une personne au motif qu'elle ne présente aucun handicap, dès lors qu'elle répond aux exigences du poste. Au moment du choix final, c'est à compétences et qualifications équivalentes, et seulement dans ces conditions, que vous pourrez privilégier une candidature d'une personne reconnue travailleur handicapé ou assimilé.

Afin d'inciter les travailleurs handicapés à répondre à vos offres, vous pouvez indiquer une mention spéciale.

DOCUMENT 8 - Procédure d'attribution de l'augmentation liée à l'égalité professionnelle Femme - Homme

MUT'EDUC

Principes clés

L'augmentation liée à l'égalité professionnelle femme-homme permet de réduire les écarts injustifiés de rémunération, entre collaborateurs de genre opposé, occupant une fonction identique au sein de la même entité.

Afin d'identifier ces écarts, les calculs suivants sont réalisés :

- calcul de la médiane[1] des hommes et de la médiane des femmes ;
- comparaison du salaire du collaborateur avec la médiane du genre ou opposé.

Cette comparaison est réalisable à condition que la fonction soit occupée a minima par 3 hommes et par 3 femmes.

Budget

Le montant alloué à l'augmentation « Égalité professionnelle Femme-Homme » est de 0,10 % de la masse salariale.

Population concernée

Sont éligibles[2] à l'enveloppe « Égalité professionnelle Femme - Homme » tous les salariés, quel que soit leur genre et statut, sans condition d'ancienneté.

Règles d'attribution

Les salariés éligibles à cette enveloppe sont identifiés par les ressources humaines. Il s'agit des salariés dont le salaire brut annuel présente un écart de 10 % et plus par rapport au salaire brut annuel médian du genre ou sexe opposé.

Afin de prendre en compte la tenue de poste et le niveau de contribution, les ressources humaines définissent et valident l'attribution d'une augmentation sur cette enveloppe, en lien avec les managers opérationnels.

➢ Ainsi, chaque manager doit se positionner sur la revalorisation[3] ou non pour les salariés éligibles au titre de l'augmentation de l'égalité homme/femme. Il peut être favorable ou défavorable, estimant que la différence avec le salaire médian pour un salarié est justifiée par un niveau de qualification et/ou d'expérience et/ou de compétence moindre. Dans ce cas, le salarié ne sera pas augmenté au niveau du principe de l'égalité professionnelle homme-femme.

[1] **Médiane :** la médiane est la valeur qui partage une série numérique en deux parties de même nombre d'éléments.

[2] **Éligible :** personne qui remplit les conditions nécessaires pour bénéficier de l'augmentation.

[3] **Revalorisation :** action d'augmenter une valeur.

DOCUMENT 9 - Relevé d'heures de Stéphanie LOTTAYE

Décompte d'heures de Madame LOTTAYE du 23-03-2020 au 14-06-2020

Date	Entrée	Sortie	Entrée	Sortie	Total	Nbre d'heures	Date	Entrée	Sortie	Entrée	Sortie	Total	Nbre d'heures	Date	Entrée	Sortie	Entrée	Sortie	Total	Nbre d'heures
23/03/2020	09:00	12:00	13:08	15:50	05:42		20/04/2020	09:00	12:15	13:00	15:50	06:05		18/05/2020	08:03	12:15	13:00	15:50	07:02	
24/03/2020	09:30	12:02	13:08	15:00	04:24		21/04/2020	09:15	12:10	13:06	15:18	05:07		19/05/2020	08:15	12:15	13:10	15:59	06:49	
25/03/2020	09:32	12:01	13:08	15:45	05:06		22/04/2020	09:10	12:13	13:05	15:45	05:43		20/05/2020	08:10	12:16	13:10	15:57	06:53	
26/03/2020	09:30	12:03	13:11	15:37	04:59		23/04/2020	09:20	12:08	13:13	15:37	05:12		21/05/2020						
27/03/2020	09:41	12:08	13:15	15:37	04:49		24/04/2020	09:23	12:09	13:13	15:20	04:53		22/05/2020	08:23	12:09	13:13	15:43	06:16	
28/03/2020							25/04/2020							23/05/2020						
29/03/2020						**25:00**	26/04/2020						**27:00**	24/05/2020						**27:00**
30/03/2020	09:00	12:15	13:15	15:50	05:50		27/04/2020	08:00	12:06	13:12	15:52	06:46		25/05/2020	09:00	12:16	13:02	15:45	05:59	
31/03/2020	09:15	12:12	13:13	15:18	05:02		28/04/2020	08:16	12:12	13:10	15:52	06:38		26/05/2020	09:09	12:12	13:12	15:20	05:11	
01/04/2020	09:10	12:14	13:14	15:45	05:35		29/04/2020	08:11	12:14	13:05	15:59	06:57		27/05/2020	09:12	12:16	13:15	15:45	05:34	
02/04/2020	09:25	12:15	13:13	15:37	05:14		30/04/2020	08:25	12:15	13:03	15:52	06:39		28/05/2020	09:25	12:16	13:09	15:39	05:21	
03/04/2020	09:23	12:09	13:16	15:49	05:19		01/05/2020							29/05/2020	09:16	12:10	13:16	15:17	04:55	
04/04/2020							02/05/2020							30/05/2020						
05/04/2020						**27:00**	03/05/2020						**27:00**	31/05/2020						**27:00**
06/04/2020	08:58	12:11	13:32	15:50	05:31		04/05/2020	08:02	12:15	13:00	15:50	07:02		01/06/2020	09:08	12:15	13:00	15:50	05:57	
07/04/2020	09:10	12:12	13:22	15:25	05:05		05/05/2020	08:15	12:11	13:04	15:33	06:25		02/06/2020	09:15	12:13	13:10	15:18	05:06	
08/04/2020	09:04	12:14	13:32	15:48	05:26		06/05/2020	08:10	12:22	13:20	15:46	06:38		03/06/2020	09:10	12:14	13:10	15:46	05:40	
09/04/2020	09:20	12:05	13:35	15:40	04:50		07/05/2020	08:26	12:16	13:05	15:10	05:55		04/06/2020	09:25	12:15	13:13	15:37	05:14	
10/04/2020	09:25	12:10	13:20	16:13	05:38		08/05/2020							05/06/2020	09:23	12:09	13:17	15:34	05:03	
11/04/2020							09/05/2020							06/06/2020						
12/04/2020						**26:30**	10/05/2020						**26:00**	07/06/2020						**27:00**
13/04/2020	09:00	12:13	13:13	15:45	05:45		11/05/2020	09:00	12:16	13:22	15:55	05:49		08/06/2020	09:00	12:16	13:02	15:50	06:04	
14/04/2020	09:15	12:15	13:10	15:30	05:20		12/05/2020	09:12	12:12	13:20	15:20	05:00		09/06/2020	09:16	12:12	13:13	15:19	05:02	
15/04/2020	09:08	12:14	13:20	15:48	05:34		13/05/2020	09:15	12:14	13:21	15:45	05:23		10/06/2020	09:11	12:16	13:14	15:45	05:36	
16/04/2020	09:05	12:12	13:15	15:40	05:32		14/05/2020	09:25	12:15	13:13	15:37	05:14		11/06/2020	09:26	12:20	13:14	15:42	05:22	
17/04/2020	09:23	12:09	13:16	15:19	04:49		15/05/2020	09:05	12:10	13:16	15:45	05:34		12/06/2020	09:20	12:10	13:16	15:22	04:56	
18/04/2020							16/05/2020							13/06/2020						
19/04/2020						**27:00**	17/05/2020						**27:00**	14/06/2020						**27:00**

DOCUMENT 10 - Fiche individuelle de Stéphanie LOTTAYE

Stéphanie LOTTAYE

Matricule n° 852

MUT'EDUC

Matricule	852	**N° Sécurité sociale**	2 75 01 69 195 515 80
Civilité	Madame	**Situation de famille**	Mariée
Nom	LOTTAYE	**Nombre d'enfants**	2
Prénom	Stéphanie	**Date d'embauche**	01-03-2015
Date de Naissance	25-01-1975	**Emploi**	Téléconseillère
Lieu de Naissance	Lyon	**Catégorie**	Cadre
Nationalité	Française	**Nature du contrat**	CDI
Adresse	17 rue des Acacias	**Temps de travail**	Temps partiel
Code postal	44000	**Durée hebdomadaire**	25 heures
Ville	NANTES	**Durée moyenne mensuelle**	108,33 heures
Téléphone	06 20 91 52 63	**Salaire de base mensuel**	1 250 €

DOCUMENT 11 - Législation sociale pour les temps partiels

Ministère du Travail

Les heures complémentaires sont les heures de travail effectuées par le salarié à temps partiel au-delà de la durée du travail prévue à son contrat. Tous les salariés embauchés sur la base d'une durée de travail inférieure à 35 heures sont considérés comme des salariés à temps partiel.

Pour qu'un salarié à temps partiel puisse faire des heures complémentaires, il faut respecter plusieurs limites :

Limites	Exemple
Le nombre d'heures complémentaires que peut effectuer le salarié ne doit pas dépasser 10 % de la durée de travail prévue à son contrat.	Un salarié travaillant 30 heures par semaine ne peut effectuer que 3 heures d'heures complémentaires.
Les heures complémentaires ne peuvent avoir pour effet de porter la durée de travail du salarié à temps partiel au niveau de la durée légale de travail de 35 heures.	Un salarié travaillant 32 heures ne peut effectuer que 2 heures complémentaires par semaine.
Sur une période 12 semaines consécutives, si l'horaire moyen réellement effectué par le salarié à temps partiel a dépassé de 2 heures par semaine l'horaire prévu à son contrat : l'horaire de travail du salarié doit être modifié.	Le contrat de travail d'un salarié fixe sa durée de travail à 25 heures hebdomadaire. Au cours d'une période de 12 semaines consécutives, ce salarié a effectué : • 2 semaines à 27 heures, soit 4 heures supplémentaires ; • 8 semaines à 27 heures 30 minutes, soit 20 heures complémentaires ; • 2 semaines à 27 heures, soit 4 heures complémentaires. L'horaire moyen réellement effectué est donc de 27,33 heures sur 12 semaines. ((4 X 27) + (8 X 27,5)) /12 = 27,33 Le contrat du salarié en question devra être modifié.

Source : https://travail-emploi.gouv.fr/

ANNEXE A - Tableau de bord national des emplois RQTH

	1er semestre 2019		1er semestre 2020		Écart 2020-2019	
Nature des contrats	Nbre de salariés RQTH en ETP (*)	Taux d'emploi	Nbre de salariés RQTH en ETP(*)	Taux d'emploi	Nbre de salariés RQTH en ETP(*)	Taux d'emploi
CDI	454	4,50 %				
CDD-CTT	201	1,99 %				
Contrat d'alternance	19	0,19 %				
Sous-traitance(**)	5	0,05 %				
Effectif global	10 096		10 135			
Dont nombre de personnes RQTH	679	6,73 %				

(*) - Équivalent Temps Plein

La notion d'ETP correspond à une activité exercée sur la base d'un temps plein soit à hauteur de la durée légale. Ainsi, 2 salariés ayant une durée de travail hebdomadaire de 17 heures et 30 minutes correspondent à 1 ETP.

(**) - Pour la sous-traitance, le nombre de salariés RQTH en ETP est déterminé par les organisations du secteur du travail protégé et adapté, en fonction du montant des factures.

ANNEXE B - Conseillers en développement éligibles à l'augmentation au titre de l'égalité Femme - Homme

MUT'EDUC

Période	01/06/2020 - 31/05/2021	
Centre de gestion	Lyon	
Poste de travail	Conseiller en développement commercial	
Salaire médian lié au poste	**Homme :** 26 150,00 €	**Femme :** 25 950,00 €

Matricule	NOM et Prénom	Genre	Salaire brut annuel 2019	Salaire médian du genre opposé	Différence de salaire		Salarié éligible (oui/non)
					En €	En %	
2	BATOT Jérémy	M	24 950 €				
4	BERTSON Vincent	M	26 680 €				
65	WOSNI Sandrine	F	23 525 €				
67	ARAGON Élodie	F	23 200 €				
58	COSSON Mathieu	M	25 560 €				
101	QUALIT Damien	M	23 255 €				
123	PARTAT Philippe	M	26 125 €				
134	MARTIN Angélique	F	24 300 €				

ANNEXE C - Montant alloué à la revalorisation « égalité Femme - Homme »

Centre de gestion : Lyon

Poste de travail	Masse salariale brute annuelle 2019 (€)	Montant alloué à l'augmentation égalité Femme - Homme (06/2020 – 05/2021) (€)
Conseillers en développement commercial		

3

ÉPREUVE E2 –
Gestion administrative des relations avec le personnel

Métropole
Septembre 2019

SITUATIONS PROFESSIONNELLES DU BAC PRO GA MISES EN ŒUVRE :

2.1.1 Tenue et suivi des dossiers des salariés
Compétence visée : Actualiser des dossiers de personnel dans le respect de la législation du travail

2.2.4 Préparation et suivi de la formation du personnel
Compétence visée : Assurer des opérations administratives liées à la formation du personnel

2.3.1 Préparation des bulletins de salaire
Compétence visée : Renseigner et contrôler la vraisemblance des états préparatoires aux bulletins de salaire

2.4.2 Préparation des tableaux de bord, des indicateurs sociaux
Compétence visée : Mettre à jour des indicateurs sociaux

Entreprise ROCHE DIAGNOSTICS FRANCE

BARÈME INDICATIF

Dossier	Pages	Barème
PRÉSENTATION DE L'ENTREPRISE	65	
Dossier 1 – Le travail à distance, une évolution appréciée par les collaborateurs • 1.1. Traiter ces 5 propositions de travail à distance • 1.2. Compléter l'avenant au contrat de travail • 1.3. Dresser la liste des cas à contrôler automatiquement	67	**/20**
Dossier 2 – La formation, un engagement des salariés dans notre culture « responsable » • 2.1. Proposer une utilisation de ce supplément budgétaire • 2.2. Proposer et justifier un créneau horaire pour une date la moins contraignante • 2.3. Proposer une amélioration de la procédure	68	**/20**
Dossier 3 – La rémunération, un outil de motivation des collaborateurs • 3.1. Calculer le montant des primes de Nicolas LOUFTI • 3.2. Préparer les éléments de réponse à Joël LEGRAND • 3.3. Proposer les données à ajouter au modèle de bulletin de paie	69	**/20**
Dossier 4 – Les indicateurs sociaux, un levier pour garder ses jeunes talents • 4.1. Mettre à jour les indicateurs sociaux du volet EMPLOI du bilan social et sociétal 2018 • 4.2. Rédiger en quelques lignes l'état des lieux des générations Y et Z • 4.3. Énumérer des pistes pour garder les jeunes talents de la génération Y	70	**/15**
Présentation, soin, orthographe et syntaxe		**/05**
TOTAL		**/80**
TOTAL		**/20**

Documents fournis	**Document 1 -** Extrait de l'accord sur le travail à distance (TAD) au sein de RDF **Document 2 -** Formulaire d'accord préalable au TAD accordé à Lucas VIRGOT **Document 3 -** Profil Lucas VIRGOT – Extrait de Workday **Document 4 -** Extrait des échanges entre l'assistante RH et Joël LEGRAND **Document 5 -** Fiche collaborateur – Application ADP Temps et activités **Document 6 -** Plan de formation Service commercial **Document 7 -** Plaquette formation au CENTAURE **Document 8 -** Itinéraire pour formation **Document 9 -** Extrait Agendas semaines 27 et 28 des trois collaborateurs **Document 10 -** Grille générale Plan d'intéressement à la performance **Document 11 -** Extrait Workday Rémunération de Nicolas LOUFTI **Document 12 -** Bulletin de salaire Joël LEGRAND mai 2019 **Document 13 -** Copie écran Joël LEGRAND – Application ADP Temps et activités **Document 14 -** Site intranet « mes avantages » du module « Myworkspace » **Document 15 -** Extrait de la réglementation des titres-restaurants (TR) de l'URSSAF **Document 16 -** Roche Diagnostics France - Chiffres Clé – 2018 **Document 17 -** Article sur le management des générations et chez RDF
Documents à compléter	**Annexe A -** État préparatoire au traitement des demandes de télétravail **Annexe B -** Avenant au contrat de travail Lucas VIRGOT **Annexe C -** Bilan social et sociétal 2018 chez RDF et dans le groupe ROCHE (extrait)

PRÉSENTATION DE L'ENTREPRISE

Raison Sociale : **ROCHE DIAGNOSTICS FRANCE**
Dirigeant : **Bernard COLOMBO**
Statut Juridique : **SASU Société par actions simplifiée unique**
Adresse : **2 avenue du Vercors – 38240 MEYLAN Cedex**
Téléphone/Télécopie : **04 76 76 30 00 / 04 76 76 30 01**
Site Internet : **www.rochediagnostics.fr**
Directrice des Ressources Humaines : **Alicia BELLO**
Courriel : **prenom.nom@roche.com**
RCS : **380 484 766 RCS Grenoble**
SIRET : **380 484 766 000 31**
NAF : **4646Z** - ***Commerce de gros (commerce interentreprises) de produits pharmaceutiques***
N° TVA Intracommunautaire : **FR 38048476600031**
Effectif : **581**
Convention collective : **Fabrication et Commerce des Produits à usage pharmaceutique, parapharmaceutique et vétérinaire**
Durée hebdomadaire : **39 heures**
Plages fixes de présence : **9 h 15 – 11 h 45 et 14 h 15 – 16 h 45**
Pause repas minimum : **20 minutes**

La société Roche Diagnostics France (RDF) est l'unique filiale commerciale française du groupe international ROCHE spécialisé dans les produits pharmaceutiques, le diabète et le matériel de diagnostic. La société RDF a été créée en 1991 et s'est implantée dans le bassin Grenoblois. Le siège social du groupe est situé à Bâle en Suisse.

Depuis près de 27 ans, RDF est présente commercialement dans toute la France et dégage un chiffre d'affaires annuel de 305 millions d'euros. Elle emploie 581 personnes. Ses clients sont exclusivement des professionnels de la santé (laboratoires, cliniques, hôpitaux).

La société s'efforce d'agir de façon responsable dans toutes les activités pour améliorer la vie des patients, être un partenaire éthique avec toutes les parties prenantes, offrir un bon environnement à ses collaborateurs et réduire de façon significative son impact sur l'environnement. La responsabilité sociétale de l'entreprise regroupe 4 volets : patients, collaborateurs, société et environnement.

Vous êtes amené, au sein du service ressources humaines, à travailler particulièrement sur les actions concernant les collaborateurs, définies par la direction : gestion souple de l'organisation du travail, formation et motivation des collaborateurs, problématique de la gestion des générations.

Vous occupez le poste de gestionnaire administratif, sous la responsabilité des deux assistantes des ressources humaines : Clara PINHEIRO et Catherine DURAND. Vous assumez toutes les activités courantes liées à la gestion administrative des relations avec le personnel et disposez d'une autonomie dans la gestion de vos tâches quotidiennes.

ORGANIGRAMME SIMPLIFIÉ DE LA SOCIÉTÉ ROCHE RDF (extrait)

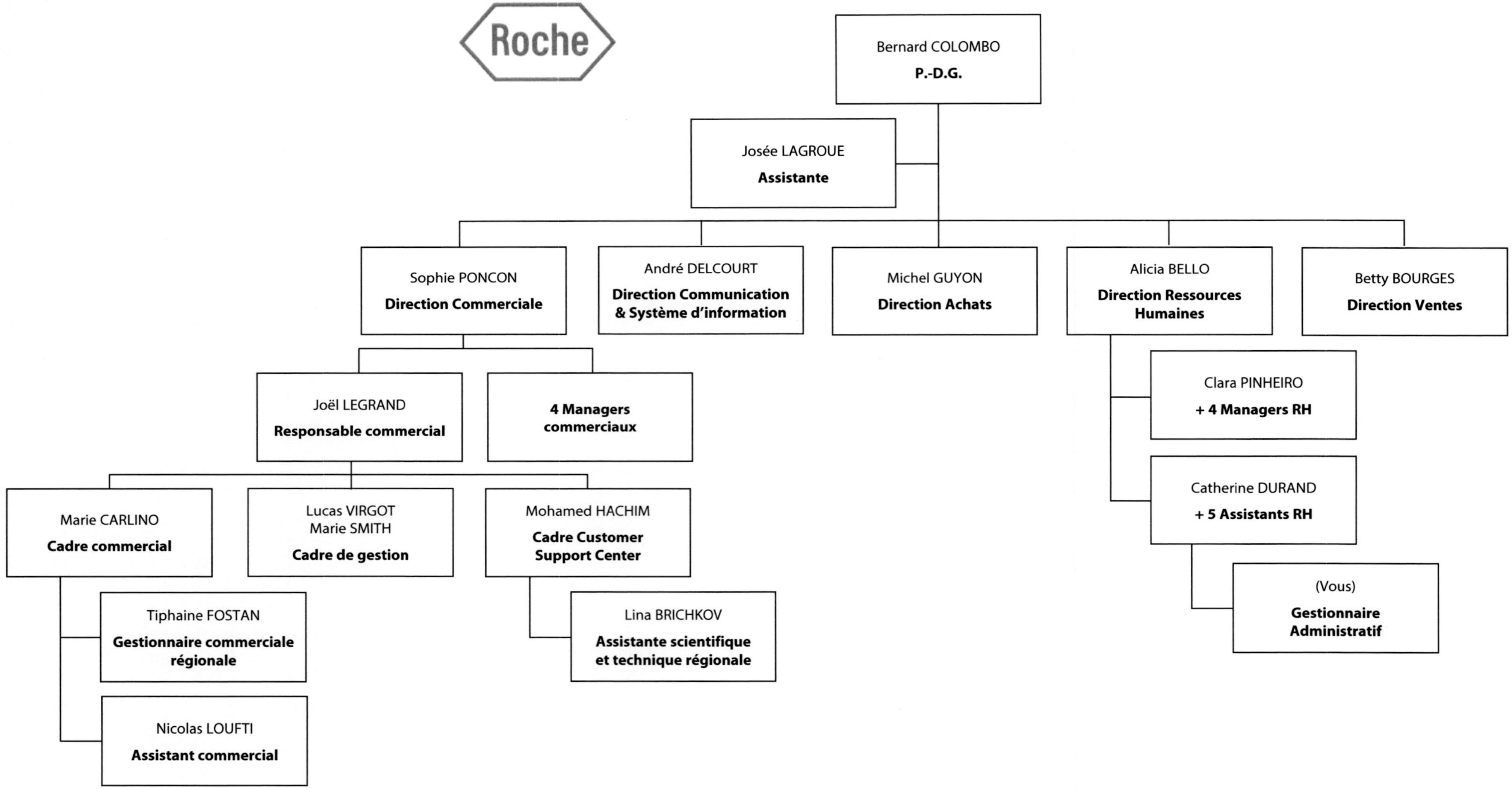

DOSSIER 1 - Le travail à distance, une évolution appréciée par les collaborateurs

Afin de soutenir l'engagement des collaborateurs dans leur travail, la société RDF souhaite promouvoir le recours au télétravail. Les collaborateurs intéressés s'adressent à leur manager qui vous transmet les dossiers de demande de télétravail.

Aujourd'hui, vous récapitulez les demandes du service commercial. Pour chacune d'entre elles, vous proposez à Clara PINHEIRO, assistante de gestion des ressources humaines, des éléments qui l'aideront à prendre une décision.

En cas d'acceptation par le service RH, vous transmettez au collaborateur concerné un formulaire d'accord préalable. Après signature du collaborateur et du manager RH, vous rédigez un avenant au contrat de travail.

Cinq salariés du service commercial sont intéressés par le travail à distance. Joël LEGRAND a transmis ces cinq propositions à Clara PINHEIRO.

1.1. Traiter ces 5 propositions de travail à distance. (Annexe A à rendre avec la copie)

Le mois dernier, Lucas VIRGOT a transmis sa proposition de télétravail. Celle-ci a été acceptée et le formulaire d'accord a été signé par Lucas VIRGOT et son manager.

1.2. Compléter l'avenant au contrat de travail. (Annexe B à rendre avec la copie)

Les managers sont parfois contraints de refuser des demandes en raison du non-respect des conditions prévues dans l'avenant au contrat de travail. Cela perturbe le bon relationnel entre manager et collaborateurs. Joël LEGRAND profite d'une discussion informelle avec l'assistante RH pour évoquer le sujet. Ils sont convaincus que l'application ADP peut traiter automatiquement ces situations.

1.3. Dresser la liste des cas qui devraient être contrôlés automatiquement par l'application ADP. (Composition sur la copie)

Ressources à disposition :

- Extrait de l'accord sur le travail à distance (TAD) au sein de RDF **(Document 1)**
- Formulaire d'accord préalable au TAD accordé à Lucas VIRGOT **(Document 2)**
- Profil Lucas VIRGOT – Extrait de Workday **(Document 3)**
- Extrait des échanges entre l'assistante RH et Joël LEGRAND **(Document 4)**
- Fiche collaborateur – Application ADP Temps et activités **(Document 5)**

DOSSIER 2 - La formation, un engagement des salariés dans notre culture « responsable »

Pour répondre à la qualité de la relation client, les collaborateurs du service commercial sont régulièrement formés, de préférence sur le lieu de travail, et prioritairement sur les axes d'orientation définis par les directions de service.

La commission de validation s'est prononcée sur l'état des demandes de chaque collaborateur. Les demandes ont été « acceptées », « refusées » ou « mises en attente ». Ce plan de formation validé est communiqué aux managers et un journal de formation individuel est établi pour chaque collaborateur. Les collaborateurs peuvent consulter leur journal de formation dans Workday sur l'intranet de la société.

Pour se rapprocher de l'objectif « 100 % des demandes de formation satisfaites » qui est recommandé par le Groupe Roche, le budget alloué pour la formation dans le service commercial sera augmenté de 14 heures. Ce supplément vous permet de réexaminer selon leur priorité les trois formations mises en attente.

2.1. Proposer une utilisation de ce supplément budgétaire. (Composition sur la copie)

Pour répondre à l'objectif de réduction des gaz à effet de serre et conforter la cohésion de groupe, trois collaborateurs de différents services seront formés aux pratiques de l'écoconduite. Une date doit être retenue début juillet afin que les collaborateurs covoiturent.

2.2. Proposer et justifier un créneau horaire pour une date qui soit la moins contraignante. (Composition sur la copie)

Les formations en interne sont réalisées sous plusieurs formes : présentiel et/ou à distance. Le suivi des formations à distance est opérationnel, les managers s'assurent de la participation des collaborateurs par des étapes de validation numériques. Celui de la formation en présentiel pose problème. Les fiches navettes qui devraient être signées par les formateurs sont parfois perdues ou restent non signées. Les managers ne peuvent donc pas valider les formations.

2.3. Proposer une amélioration de la procédure. (Composition sur la copie)

Ressources à disposition :

- Plan de formation Service commercial **(Document 6)**
- Plaquette formation au CENTAURE **(Document 7)**
- Itinéraire pour formation **(Document 8)**
- Extrait Agendas semaines 27 et 28 des trois collaborateurs **(Document 9)**

DOSSIER 3 - La rémunération, un outil de motivation des collaborateurs

Afin de motiver les collaborateurs, la société RDF accorde deux primes qui font l'objet d'un versement total ou partiel au mois de juin (prime de 13e mois et prime individuelle d'objectifs). Elle distribue également mensuellement des tickets-restaurants lorsque les collaborateurs ne déclarent pas de frais de déplacement et réception.

Monsieur Joël LEGRAND évalue ses collaborateurs et détermine trois taux d'engagement individuel pour le calcul de la prime individuelle d'objectifs. Ces trois taux (ma carrière – mes aptitudes – mes relations) sont consultables par le service RH dans le module Workday de chaque collaborateur.

Vous préparez les calculs de primes du mois de juin, vous les transmettez à l'assistante RH qui finalise les bulletins de paie et les dépose dans le coffre-fort numérique Digiposte. Les collaborateurs disposent des accès pour consulter et télécharger leurs bulletins personnels.

Il vous reste à préparer les éléments variables de la paie de juin de Nicolas LOUFTI : montant de la prime du 13e mois et montant de la prime d'objectifs.

3.1. Calculer le montant des primes de Nicolas LOUFTI. (Composition sur la copie)

Joël LEGRAND a téléchargé son bulletin de paie du mois de mai. Vous venez d'avoir un échange téléphonique avec lui. Vous avez pris en note ses deux demandes qui concernent les titres-restaurants : justifier le nombre de 12 tickets-restaurants attribués et expliquer les deux sommes de bas de bulletin de 46,08 € et 3,96 €. Il vous rappelle en fin de journée.

3.2. Préparer les éléments de réponse à Joël LEGRAND. (Composition sur la copie)

Compte tenu du nombre croissant de demandes d'explication sur l'attribution du nombre de tickets-restaurants, vous décidez de proposer à votre responsable d'apporter des modifications au modèle de bulletin de salaire pour que chaque collaborateur puisse recalculer lui-même le nombre de tickets-restaurants attribué.

3.3 Proposer les données à ajouter dans la partie « informations journalières » au modèle de bulletin de paie. (Composition sur la copie)

Ressources à disposition :

- Grille générale Plan d'intéressement à la performance **(Document 10)**
- Extrait Workday Rémunération de Nicolas LOUFTI **(Document 11)**
- Bulletin de salaire Joël LEGRAND mai 2019 **(Document 12)**
- Copie écran Joël LEGRAND – Application ADP Temps et activités **(Document 13)**
- Site intranet « mes avantages » du module « Myworkspace » **(Document 14)**
- Extrait de la réglementation des titres-restaurants (TR) de l'URSSAF **(Document 15)**

DOSSIER 4 - Les indicateurs sociaux, un levier pour garder ses jeunes talents

La société ROCHE est fortement engagée dans le cadre de sa responsabilité sociétale. Son dirigeant, Monsieur COLOMBO, a présenté, en début de mois, des résultats intermédiaires à l'ensemble de l'équipe sous la forme d'une infographie. Il a sélectionné les principaux indicateurs retenus par le groupe ROCHE et les a rapprochés des résultats de la filiale française Roche Diagnostics France.

Monsieur COLOMBO a demandé une publication de l'infographie sur l'intranet de la société. L'infographie devra être accompagnée d'un article qui mettra d'une part en lumière les efforts engagés par la société ROCHE et qui suggérera d'autre part des pistes qui pourraient aider à atteindre les objectifs groupe.

L'assistante du service RH vous charge de rédiger une partie de l'extrait de l'article correspondant au volet « gestion des carrières ». Elle attend de vous une dizaine de lignes présentant un état des lieux de la situation des générations Y et Z dans la société RDF et une liste de pistes qui permettrait de garder au sein de la société ces deux générations.

4.1. Mettre à jour les indicateurs sociaux du volet EMPLOI du bilan social et sociétal de RDF pour l'année 2018. (Annexe C à rendre avec la copie)

4.2. Rédiger, en dix lignes maximum, l'état des lieux des générations Y et Z dans la société Roche Diagnostics France en les comparant aux objectifs du groupe. (Composition sur la copie)

4.3. Énumérer une liste de pistes qui aideraient la société à garder ses jeunes talents de la génération Y au plan de l'aménagement et de l'organisation du temps de travail, de la formation, de la motivation salariale et de la mobilité. (Composition sur la copie)

Ressources à disposition :

- Roche Diagnostics France - Chiffres Clé - 2018 **(Document 16)**
- Article sur le management des générations et chez RDF **(Document 17)**

DOCUMENT 1 - Extrait de l'accord sur le travail à distance (TAD) au sein de RDF

Article 1 – Définition et champ d'application du travail à distance

Article 1.2 Catégories de collaborateurs éligibles

Le travail à distance n'est ni un droit, ni une obligation, et sa mise en œuvre doit répondre à certaines conditions.

Sont éligibles au travail à distance, les collaborateurs RDF :

- Du siège, titulaires d'un CDI, à temps plein
- Disposant d'une autonomie suffisante dans le poste occupé, dans la gestion de leur temps de travail ainsi que dans l'utilisation du système informatique et ne nécessitant pas de soutien managérial rapproché
- Occupant un poste dont l'exécution du travail à distance est possible et compatible avec le bon fonctionnement de son service
- Répondant à toutes exigences matérielles et techniques requises à son domicile pour la bonne mise en œuvre du travail à distance

Ainsi certaines demandes de travail à domicile pourront être refusées, après examen, pour les fonctions qui :

- Exigent, par nature, une présence physique permanente dans les locaux de l'entreprise
- Impliquent l'accès et le traitement de certaines données à caractère confidentiel au poste de travail
- Requièrent l'accès permanent ou régulier à une documentation « papier »
- Nécessitent un fort niveau d'interaction présentielle avec ses collègues
- Font face à une impossibilité matérielle et/ou technique d'effectuer un travail à distance

Sur ces critères, les postes apparaissant comme non éligibles au travail à distance sont les suivants :

- Gestionnaires de commandes clients,
- Standardistes / Réceptionnistes,
- Techniciens et coordinateurs des services généraux,
- Techniciens Atelier,
- Gestionnaires commerciaux Régionaux,

Article 2 – Organisation du travail à distance

Article 2.1 Journées dédiées au travail à distance

Le travail à distance peut-être mis en œuvre à raison d'une journée ouvrée maximum par semaine, à l'exception du mercredi.

Par exception, l'Assistance scientifique et technique du Régional Customer Support Center, ainsi que la Comptabilité fournisseurs et Clients sont éligibles au travail à distance, au maximum pour une journée ouvrée par quinzaine.

Cette journée concerne tous les jours ouvrés et peut-être fixe ou non.

Article 3 – Mise en œuvre du travail à distance

Article 3.1 Formalisation du travail à distance et avenant au contrat de travail

La durée à l'avenant et des dispositions concernant le travail à distance dans le contrat de travail sera de 12 mois, tacitement reconductible pour une même durée.

Cet avenant, signé par le collaborateur, le manager et la Direction des ressources Humaines précisera :

- La date de prise d'effet et de démarrage du travail à distance;
- La durée de validité de l'avenant, les règles de réversibilité, de renouvellement tacite et de suspension provisoire;
- Les modalités d'exécution du travail à distance et notamment le(s) jour(s) convenu(s) s'ils ont été définis;
- L'obligation pour le collaborateur de saisir au minimum 3 jours ouvrés avant son jour de travail à distance selon les modalités en vigueur dans l'entreprise dans le système interne de Gestion des Temps et des Activités (GTA)
- L'acceptation de cette demande par le manager se fait dans les mêmes conditions qu'une demande d'absence soumise à validation préalable
- Le comportement à adopter en cas d'accident du travail
- Les conditions d'utilisation du matériel mis à disposition et de validation technique préalable
- Les règles de confidentialité

Fait à Meylan, le : 10/06/2016
En 7exemplaires

DOCUMENT 2 - Formulaire d'accord préalable au TAD accordé à Lucas VIRGOT

Formulaire d'accord préalable au travail à distance

Ce formulaire est à retourner au service RH pour la rédaction de l'avenant au contrat de travail.

Prénom & Nom du manager : Joël LEGRAND

Prénom & Nom du collaborateur : Lucas VIRGOT

Division / Service : Direction commerciale

Date de début du travail à distance : 01/09/2019

Modalités de mise en œuvre et fréquence :

☒ Jour prédéfini : Lundi Mardi Jeudi Vendredi

☐ Jour non prédéfini

☒ 1 jour par semaine ☐ 1 jour par quinzaine

Fait à Meylan, le **01/06/2019**.

Signature du collaborateur : Signature du Manager :

DOCUMENT 3 - Profil Lucas VIRGOT – Extrait de Workday

Afficher l'employé : Lucas VIRGOT

Matricule du salarié	158357
Organisation	DEFLC Commercial Administration (Joël LEGRAND) (25685249)
Poste	Commercial Gestion Support
Fonction	Cadre Gestionnaire de contrat
Famille d'emplois	Ventes et Marketing > Commercial Business Support & sales Operations
Type de salarié	Régulier
Type d'horaire	Temps plein
ETP	100,00 %
Site	Meylan
Date d'embauche	03/12/1984
Ancienneté	34 an(s), 6 mois
Poste occupé depuis	34 an(s), 6 mois

Données personnelles

Nom	Nom de naissance	Prénom	Sexe	N° Sécurité Sociale
VIRGOT		Lucas	Masculin	1600107019023 67

Date de naissance	Lieu de naissance	Département	Pays
17/01/1960	Aubenas	07	France

Adresse	Code postal Ville	N° de téléphone fixe	N° de téléphone mobile	Adresse e-mail
46 rue des Lys	38600 FONTAINE	+33 (9) 54716590	+33 (7) 87562300	l.virgot@free.fr

Situation familiale	Nombre d'enfants	Prénom	Date de naissance
Divorcé(e)	0		

DOCUMENT 4 - Extrait des échanges entre l'assistante RH et Joël LEGRAND

Joël LEGRAND : J'ai de plus en plus de demandes de télétravail que je refuse car elles ne correspondent pas à ce qui est défini sur l'avenant. Par exemple, voici une impression des demandes de Madame Laure SOLAMA qui illustre mon problème.

Assistante RH : Oui… effectivement il y a un problème. Notre application GTA devrait contrôler ces situations automatiquement au moment où le collaborateur saisit sa demande. Par exemple, cette demande, saisie 2 jours avant, ne devrait pas passer.

Gestionnaire administratif : Si vous le voulez, je peux reprendre un avenant type et faire une liste des situations qui devraient être contrôlées automatiquement par l'application.

Assistante RH : Ok, je la transmettrai à la DCSI.

DOCUMENT 5 - Fiche collaborateur – Application ADP Temps et activités

Temps et activités X

Roche Bienvenue, *LAURE SOLAMA* Collaborateur

Mon profil **Poste occupé :** *Assistant comptabilité fournisseur*

Mes évènements

	Motif	Début	Fin	Plage/Durée	Saisi le	Statut	Validé
☐	Travail à distance	27/05/2019	27/05/2019	matin	17/05/2019	Accepté	SPONCONX9P
	Travail à distance	27/05/2019	27/05/2019	après-midi	17/05/2019	Accepté	SPONCONX9P
	Travail à distance	20/05/2019	20/05/2019	matin	14/05/2019	Accepté	SPONCONX9P
	Travail à distance	20/05/2019	20/05/2019	après-midi	14/05/2019	Accepté	SPONCONX9P
	Travail à distance	13/05/2019	13/05/2019	matin	10/05/2019	Refusé	SPONCONX9P
	Travail à distance	13/05/2019	13/05/2019	après-midi	10/05/2019	Refusé	SPONCONX9P
	Travail à distance	06/05/2019	06/05/2019	matin	30/04/2019	Accepté	SPONCONX9P
	Travail à distance	06/05/2019	06/05/2019	après-midi	30/04/2019	Accepté	SPONCONX9P

DOCUMENT 6 - Plan de formation Service commercial

Nom	Date de naissance	Emploi	Source de la demande	Dispositif	Lieu	Intitulé de la formation	Nombre d'heures	Priorité*	État
CARLINO	30/03/1991	Cadre commercial	IDP**	CPF	Externe	Anglais	7	1	En attente
CARLINO	30/03/1991	Cadre commercial	Manager	Plan	Externe	Auditeur interne : S'approprier les exigences de la norme ISO 13485 : 2016	7	1	Accepté
CARLINO	30/03/1991	Cadre commercial	Manager	Plan	Externe	Culture de l'account Management	7	1	Accepté
CARLINO	30/03/1991	Cadre commercial	Manager	Plan	Interne	Formation finance / controlling	3,5	1	Accepté
CARLINO	30/03/1991	Cadre commercial	IDP**	Plan	Externe	Gestion des priorités	21	3	Refusé
CARLINO	30/03/1991	Cadre commercial	Obligatoire	Plan	Externe	Manipulation Extincteurs	1,50	1	Accepté
FOSTAN	07/10/1973	Gestionnaire commercial	Manager	Plan	Externe	Culture Projet module 2 (uniquement)	7	1	Accepté
FOSTAN	07/10/1973	Gestionnaire commercial	Manager	Plan	Interne	Formation finance / controlling	3,5	1	Accepté
HACHIM	01/05/1987	Cadre costumer support center	IDP**	Plan	Externe	Culture de l'account Management	7	3	En attente
HACHIM	01/05/1987	Cadre costumer support center	IDP**	Plan	Interne	Formation finance / controlling	3,5	2	En attente
MAUFRONT	27/04/1989	Gestionnaire commercial	Manager	Plan	Externe	Culture de l'account Management	7	1	Accepté
MAUFRONT	27/04/1989	Gestionnaire commercial	IDP**	Plan	Externe	Culture Projet module 2 (uniquement)	7	3	Refusé
MAUFRONT	27/04/1989	Gestionnaire commercial	IDP**	Plan	Interne	Formation finance / controlling	3,5	1	Accepté
MAUFRONT	27/04/1989	Gestionnaire commercial	Obligatoire	Plan	Externe	Manipulation Extincteurs	1,50	1	Accepté
MAUFRONT	27/04/1989	Gestionnaire commercial	Manager	Plan	Interne	SAP / GDC / REXIS / Marchés publics	21	1	Accepté
MAUFRONT	27/04/1989	Gestionnaire commercial	Obligatoire	Plan	Externe	Éco-conduite Recyclage / Sécurité sur Site Recyclage	7	1	Accepté
VIRGOT	17/01/1960	Cadre gestion parc machine	Manager	Plan	Externe	Culture de l'account Management	7	1	Accepté
VIRGOT	17/01/1960	Cadre gestion parc machine	IDP**	Plan	Interne	Formation finance / controlling	3,5	1	Accepté
VIRGOT	17/01/1960	Cadre gestion parc machine	Obligatoire	Plan	Externe	Manipulation Extincteurs	1,50	1	Accepté

* Codes attribués par le manager suivant les besoins du service, du poste occupé par le collaborateur et le logigramme décisionnel des demandes de formation :

1 - formation indispensable 2 - formation acceptée suivant le budget 3 - formation reportée ou refusée

** IDP = Individual Development Plan (Formation individuelle demandée par le collaborateur)

DOCUMENT 7 - Plaquette formation au CENTAURE

Centaure
A43 - Aire de L'Isle D'Abeau
Le Lombard - CS 17001
38081 L'ISLE-D'ABEAU CEDEX
Tél. : 04 74 27 07 77

Nos formations

Le risque routier constitue aujourd'hui le premier risque d'accident mortel au travail. Face à l'augmentation du trafic, à la densification des réseaux routiers, à l'accélération continue de l'économie, la route reste le moyen le plus souple, efficace et simple pour favoriser les échanges. Toutefois, la conduite professionnelle ne peut pas demeurer hasardeuse. Centaure accompagne les entreprises dans leur démarche de formation pour apporter performance et compétences à leurs salariés.

La conduite professionnelle

Les spécificités de la conduite professionnelle s'appuient sur 5 principes :

- le véhicule ;
- l'environnement ;
- le conducteur ;
- l'organisation et l'optimisation des déplacements professionnels ;
- la réglementation.

Ces 5 principes sont la clé d'une conduite professionnelle, où le déplacement constitue un acte professionnel. **Lors des formations Centaure, ces 5 principes sont abordés avec vos collaborateurs** afin qu'ils se les approprient et développent de nouvelles compétences.

Centaure vous propose de vous familiariser à l'écoconduite lors d'un stage d'une demi-journée dans un environnement unique.

Pour l'année 2019, les formations à l'écoconduite auront lieu tous les mardis, mercredis et jeudis de 9 h à 12 h ou de 14 h à 17 h sur le site de l'Isle d'Abeau.

Prévoir 15 minutes de plus en fin de stage pour la remise de votre diplôme.

DOCUMENT 8 - Itinéraire pour formation

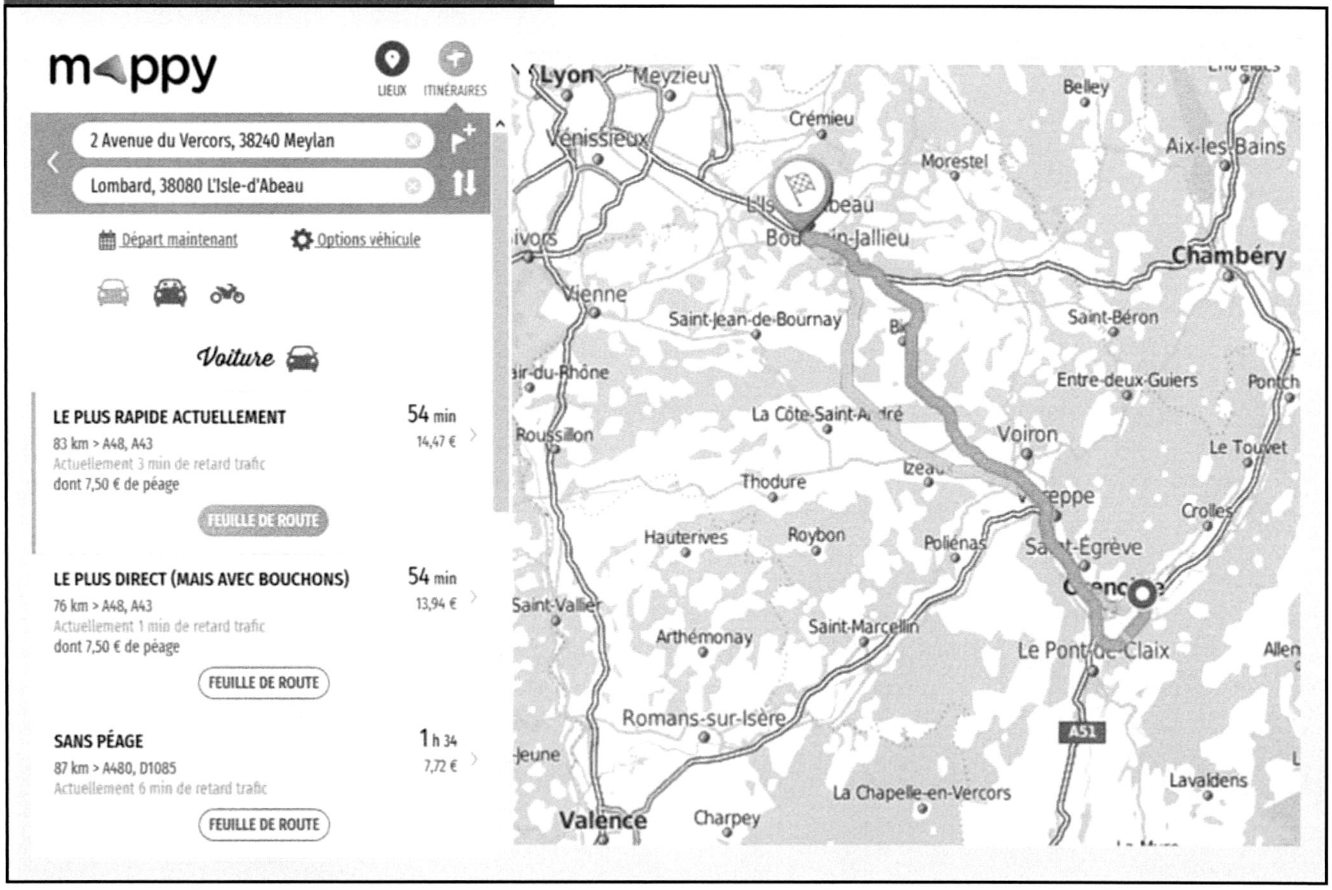

DOCUMENT 9 - Extrait agendas semaines 27 et 28 des trois collaborateurs

Yanis BOURAS - Service ventes

Aujourd'hui < > Juillet 2019

	Lundi	Mardi	Mercredi	Jeudi	Vendredi
S27	1 09:00 - 11:00 **Réunion d'équipe**	2	3	4	5
S28	8	9 08:00 - 09:00 **Réunion avec Benoît MAUFRONT (à confirmer)** 18:00 - 20:00 **Pot de départ de Maxime BERNARD**	10	11 11/07 - 12/07 **Congés**	12 11/07 - 12/07 **Congés**

Benoît MAUFRONT - Service commercial

Aujourd'hui < > Juillet 2019

	Lundi	Mardi	Mercredi	Jeudi	Vendredi
S27	1 01/07 - 05/07 **Congés**	2 01/07 - 05/07 **Congés**	3 01/07 - 05/07 **Congés**	4 01/07 - 05/07 **Congés**	5 01/07 - 05/07 **Congés**
S28	8 08:00 - 14:00 **Télétravail**	9 18:00 - 20:00 **Pot de départ de Maxime BERNARD**	10 14:00 - 16:00 **Rendez-vous extérieur**	11 09:00 - 11:00 **Réunion d'équipe**	12

Louise MICHALLAT - Service achats

Aujourd'hui < > Juillet 2019

	Lundi	Mardi	Mercredi	Jeudi	Vendredi
S27	1	2	3 09:00 - 18:00 **Formation STT Recyclage**	4 14:00 - 16:00 **Réunion d'équipe**	5
S28	8	9 18:00 - 20:00 **Pot de départ de Maxime BERNARD**	10	11	12

DOCUMENT 10 - Grille générale Plan d'intéressement à la performance

Grille générale Plan d'intéressement à la performance

(Calcul de la prime individuelle d'objectifs)

Division concernée : Commerciale **Site :** 6040 Roche Diagnostics France

Calcul du taux de prime : 2019

Période de référence : 01 juin 2018 au 30 mai 2019 Statut : clôturé Date d'état : 10/06/2019

<u>Formule de calcul à appliquer</u> : salaire brut annuel × 20 % × taux de prime individuelle d'objectifs

Méthode de calcul pour la détermination du taux de prime individuelle d'objectifs EXEMPLE

Catégorie	Détail	Pondération	Taux de réalisation pour 2018	Matrice de calcul pour un collaborateur témoin*
Objectifs individuels	Chiffre d'affaires réalisé par le site RDF	0,2	142,90 %	28,58 %
	Indicateurs clés : placement de machines et service après-vente	0,2	98,00 %	19,60 %
	Ma carrière (chiffre d'affaires individuel à atteindre à son poste)	0,1	***Suivant performance du collaborateur***	***10,00 %***
	Mes aptitudes (développement de compétences, formations…)	0,1	***Suivant performance du collaborateur***	***10,00 %***
	Mes relations (travail en équipe, développement réseaux…)	0,1	***Suivant performance du collaborateur***	***10,00 %***
Objectif financier groupe	Résultat d'exploitation de Roche France Diagnostic (2018)	0,3	100,26 %	30,08 %
Exemple d'un taux de prime individuelle pour un collaborateur témoin				***108,20 %***

* Calcul effectué pour un collaborateur témoin ayant atteint à 100 % ses objectifs individuels de carrière, aptitudes et relations.

DOCUMENT 11 - Extrait Workday Rémunération de Nicolas LOUFTI

Nicolas Loufti

Rémunération & Performance

Édition 31/05/2019

Rémunération globale (01/06/2018 au 31/05/2019)

	Salaire pour la période
Salaire RDF (12 mois)	31 576,51
13ème mois (versé pour 1/3 en juin et 2/3 en novembre)	2 631,38
Prime objectifs annuelle (versée en totalité en juin)	*En cours de calcul*

	Roche Prime votre performance (plan d'intéressement)
Taux d'engagement réalisé : Ma carrière	80,00%
Taux d'engagement réalisé : Mes aptitudes	60,00%
Taux d'engagement réalisé : Mes relations	80,00%

Objectifs à atteindre			
<50%	Entre 50 et 90%	Entre 90 et 100%	Au dessus de 100%
Ne répond pas aux attentes	Répond partiellement aux attentes	Répond aux attentes	Dépasse les attentes

DOCUMENT 12 - Bulletin de salaire Joël LEGRAND mai 2019

BULLETIN DE PAIE

ROCHE DIAGNOSTICS France (Roche)

0002 AVENUE DU VERCORS

38240 MEYLAN

N° DE SALARIE : 00000207 EK 158357
PERIODE D'EMPLOI : DU : 01 MAI 2019
AU : 31 MAI 2019
NBRE JOURS OUVRÉS : **20 JOURS**
DATE DE PAIEMENT : 31 MAI 2019

Siret 38048476600031 N° APE 4646Z
Convention collective UNION

N° DE SECURITE SOCIALE : 16507545678945

LEGRAND JOEL
36 COURS BERRIAT
38100 GRENOBLE

AFFECT :	1650754567	MINIMUM CONV.	**4246,04**	FORFAIT JOURS :	
EMPLOI :	RESP ADMIN. COMMERCIALE	SALAIRE MENSUEL	**6109,50**	TAUX EMPLOI :	1
NIVEAU :	10			TAUX HORAIRE :	
		DATE ENTREE	01/04/1997		

DESIGNATION	NOMBRE OU BASE	PART EMPLOYE		EMPLOYEUR	INFORMATIONS JOURNALIERES DU 01.04.2019 AU 30.04.2019			
		TAUX OU %	MONTANT	MONTANT	JOUR	TRAVAIL	INCIDENT	
SALAIRE FORFAITAIRE	151,67	40,282	6109,50		L 01	7,00		
ABSENCE CONGES PAYES	3,00	281,971	845,91		M 02	7,00		
INDEM CONGES PAYES	3,00	281,971	-845,91		M 03	7,00		
ABSENCE MALADIE	2,00	281,971	563,94		J 04	7,00		
INDEM MALADIE A 100%	2,00	281,971	-563,94		V 05	7,00		
AV. NATURE VOITURE			157,45		S 06			
PART EMP. TICKETS RESTAURANT	12,00	0,330	3,96		D 07			
*** REMUNERATION BRUTE (1)**			**6270,91**		L 08		7,00	MA
SANTE					M 09		7,00	MA
SECURITE SOCIALE - MALADIE	6277,36			816,06	M 10	7,00		
MATERNITE INVALIDITE DECES					J 11	7,00		
COMPLEMENTAIRE DECES TA	3311,00	0,489	16,19	48,70	V 12	7,00		
COMPLEMENTAIRE DECES TB	2959,91	0,554	16,40	49,31	S 13			
COMPLEMENTAIRE SANTE TA	3311,00	0,418	13,84	37,48	D 14			
COMPLEMENTAIRE SANTE TB	2959,91	0,418	12,37	33,51	L 15	7,00		
COMPLEMENTAIRE SANTE FORFAIT			10,00	27,08	M 16	7,00		
ACCIDENTS DU TRAVAIL	**6277,36**			**53,36**	M 17		7,00	CP
RETRAITE					J 18		7,00	CP
SECURITE SOCIALE PLAFONNEE	3311,00	6,900	228,46	283,09	V 19		7,00	CP
SECURITE SOCIALE DEPLAFONNEE	6277,36	0,400	25,11	119,27	S 20			
COMPLEMENTAIRE TRANCHE A	3311,00	3,900	129,13	193,69	D 21			
COMPLEMENTAIRE TRANCHE B	2966,36	8,700	258,07	416,77	L 22			JF
CONTRIBUTION EXEPTIONNELLE	6277,36	0,130	8,16	13,81	M 23	7,00		
FAMILLE SECURITE SOCIALE	**6277,36**			329,56	M 24	7,00		
ASSURANCE CHOMAGE					J 25	7,00		
CHOMAGE	6277,36			263,65	V 26	7,00		
APEC	6277,36			3,77	S 27			
AUTRES CONTRIBUTIONS DUES PAR L'EMPLOYEUR				**347,31**	D 28			
CSG NON IMPOSABLE A L'IMPOT SUR LE REVENU	6420,35	6,800	436,58		L 29	7,00		
CSG/CRDS IMPOSABLE A L'IMPOT SUR LE REVENU	6420,35	2,900	186,19		M 30	7,00		
*** COTISATION SALARIALES (2)**			**1340,51**					
IMPOT SUR LE REVENU PRELEVE A LA SOURCE	4604,93	9,000	414,44					
TICKETS RESTAURANT PART SALARIALE	12,00	3,840	46,08					
RET. PART EMP TICKETS RESTAURANT			3,96					
TICKETS RESTAURANT PART PATRONALE	12,00			69,12				
*** AUTRES RETENUES (3)**			**842,83**					
*** COTISAT. PATRONALES**				**3105,54**				
NET A PAYER AVANT IMPOT SUR LE REVENU				**4502,01**				

	DU MOIS	DEPUIS JANV. 2019
PRELEVEMENT A LA SOURCE	414,44	2072,22
TOTAL VERSE EMPLOYEUR	9376,45	46882,26
TOTAL ALLEGEMENTS		
BRUT IMPOTS	5274,04	26370,22
DONT AVANTAGES NATURE	157,45	787,25
NET FISCAL	4604,93	23024,67

NET A PAYER (1-2-3) **4087,57**
VIREMENT

LEGRAND Joël
BNP PARIBAS GRENOBLE
BIC : BNPAFRPP
IBAN : FR45400045683300

NATURE DES ÉVÈNEMENTS
JF. JOUR FÉRIÉ
MA. MALADIE
CP. CONGES PAYES

DOCUMENT 13 - Copie écran Joël LEGRAND – Application ADP Temps et activités

ADP Temps et activités X

Roche | Bienvenue, | *JOEL LEGRAND* | Collaborateur

Mon profil | **Poste occupé :** *Responsable Administration commerciale* | De : 01/04/2018 | à : 30/04/2018

Mes évènements

	Motif	Début	Fin	Plage/Durée	Saisi le	Statut	Validé
☐	Formation externe - Repas pris en charge	30/04/2019	30/04/2019	Journée	30/04/2019	Accepté	SPONCONX9P
	Travail à distance	23/04/2019	23/04/2019	journée	17/04/2019	Accepté	SPONCONX9P
	Congés payés	17/04/2019	19/04/2019	journée	10/04/2019	Accepté	SPONCONX9P
	Formation externe - Repas pris en charge	16/04/2019	16/04/2017	journée	16/04/2019	Accepté	SPONCONX9P
	Travail à distance	11/04/2019	11/04/2019	après-midi	08/04/2019	Accepté	SPONCONX9P
	Séminaire interne - Repas pris en charge	10/04/2019	10/04/2019	journée	10/04/2019	Accepté	SPONCONX9P
	Travail à distance	02/04/2019	02/04/2019	matin	27/03/2019	Accepté	SPONCONX9P

DOCUMENT 14 - Site intranet « mes avantages » du module « Myworkspace »

RocheNet

Services & Tools | Projects & Initiatives | Science & Products | About Roche

Home → Locations → Meylan → Ressources Humaines

My Workspace | Site Navigation

Meylan
- A propos de RDF
- Gestion de crise
- Management QSE
- Achats & Logistique
- Communication
- Finances
- Compliance
- Informatique
- Sécurité Environnement
- **Ressources Humaines**
  - Nouveau Collaborateur

Bienvenue sur votre espace RH ! | Nouveau Collaborateur | Performance et Rémunération | Formation et développement | Bien-être et sécurité au travail | Mes avantages Roche et mes c | Relations avec les partenaires sociaux | Liens utiles | ThePeopleProject

Titres-Restaurant

Valeur nominale du titre restaurant et prise en charge

Les titres restaurants ont une valeur nominale de 9.60 € prise en charge à 60 % par l'employeur.

Mode de calcul

Le nombre de titres distribués correspondent au nombre de jours ouvrés du mois déduction faite des jours d'absence du mois précédent (congés payés, maladie, formation dont le repas est pris en charge, séminaire).

DOCUMENT 15 - Extrait de la réglementation des titres-restaurants (TR) de l'URSSAF

URSSAF

Votre espace

Siret / Identifiant

Mot de passe OK

Mot de passe oublié ?

Créer votre espace

Employeur | Indépendant

Rechercher OK

Les titres-restaurants

Le titre-restaurant est un titre spécial de paiement « des repas » remis par l'employeur au salarié.

Répartition des horaires dans la journée

Il ne peut être attribué qu'un titre-restaurant par jour de travail (jour ouvré) et à condition que le repas soit compris dans l'horaire de travail journalier.

Ainsi, un salarié travaillant 5 jours par semaine de 9 heures à 17 heures pourra bénéficier de 5 titres-restaurants par semaine.

Neutralisation des périodes d'absence

Les salariés absents de l'entreprise (congés annuels, maladie…) ne bénéficient pas des titres-restaurants pour ces jours d'absence.

Les jours de télétravail ne rentrent pas dans cette neutralisation puisqu'ils sont considérés comme travaillant dans l'entreprise.

Condition d'exonération

L'employeur ne doit financer le titre-restaurant que pour une partie de sa valeur nominale. L'autre partie doit être financée par le salarié.

Pour que l'employeur puisse bénéficier de l'exonération des cotisations sociales, sa contribution doit se situer dans une fourchette comprise entre 50 % et 60 % et ne doit pas excéder 5,43 €.

Dans le cas contraire, la différence sera à intégrer dans la rémunération brute du salarié et sera soumise aux cotisations sociales salariales.

L'employeur est en droit d'effectuer une retenue sur salaire correspondant à la participation du salarié pour le financement de ses titres-restaurants soit entre 40 à 50 % de la valeur du titre.

Source : www.urssaf.fr - novembre 2018

DOCUMENT 16 - Roche Diagnostics France - Chiffres Clé - 2018

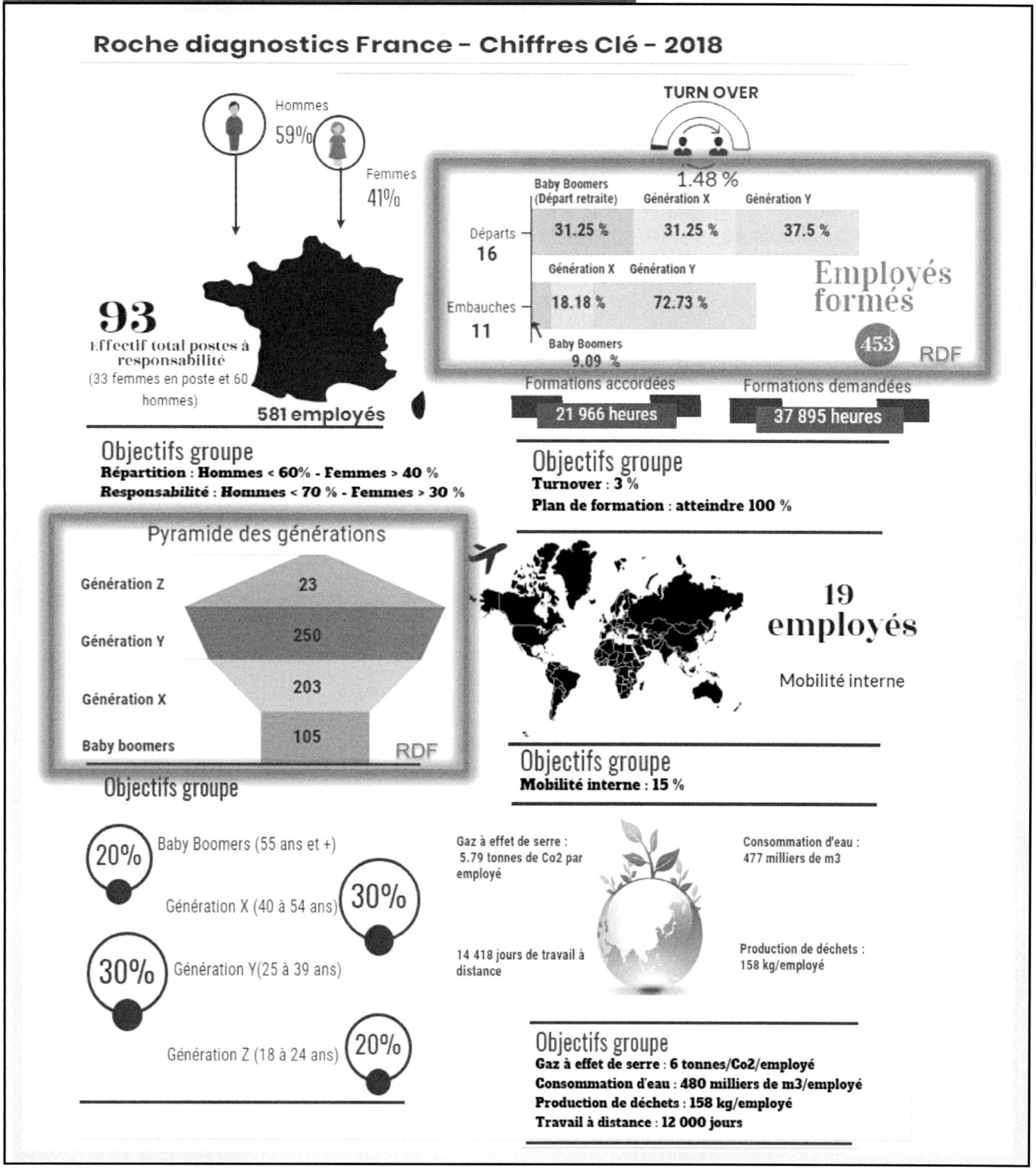

DOCUMENT 17 - Article sur le management des générations et chez RDF

Livre blanc : Comment adapter les pratiques RH aux Générations Y et Z ?

Les bonnes pratiques RH à mettre en place

D'ici 2020, la population active représentera à peu près 50 % des générations Y et Z.

« Cette génération a de nouvelles habitudes avec la société digitale que l'entreprise doit nécessairement prendre en compte pour manager et gérer au quotidien ses ressources humaines », souligne Émilie NIEBORAK. Parmi les bonnes pratiques à mettre en place, le livre blanc met ainsi en avant le développement de nouvelles solutions de onboarding.

« Mal accueillir ces nouvelles générations de collaborateurs, c'est risquer de perdre des talents et des compétences clés pour l'entreprise », analyse l'expert RH. Autre conséquence liée à l'arrivée des Millenials sur le marché du travail : une transformation nécessaire de l'organisation du travail. Télétravail, flexibilité, mobilité, bien-être, la notion d'entreprise responsable et citoyenne, les démarches de RSE (Responsabilité Sociétale de l'Entreprise), autant d'éléments qui viennent coordonner désormais l'évolution des collaborateurs au sein de l'entreprise.

Une gestion des talents adaptée

[…] Motiver les collaborateurs, les aider à se développer dans leur travail par une large offre de formation, mais aussi les fidéliser. « Le nouvel enjeu pour les entreprises est désormais de réussir à attirer ces nouvelles générations de collaborateurs et induit en conséquence une transformation digitale des ressources humaines qui doit absolument prendre en compte les notions de mobilité, de travail en réseau et en mode projet », conclut l'expert RH au service de la communauté Yootalent.

Yootalent, www.exclusiverh.com, 21 novembre 2017

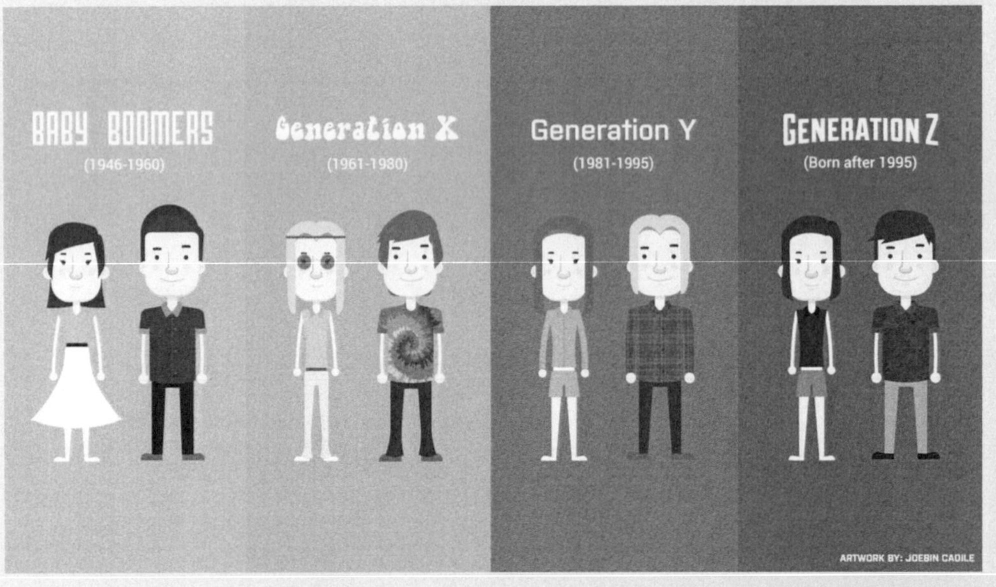

ANNEXE A - État préparatoire au traitement des demandes de télétravail

(à rendre avec la copie)

Roche

Collaborateurs	Date de la demande	Jour demandé	Observations	Possibilité de télétravail (Oui/Non)	Éléments de justification à destination du collaborateur
Marie SMITH	23/05/19	Jeudi			
Tiphaine FOSTAN	29/05/19	Lundi			
Nicolas LOUFTI	07/06/19	Mercredi			
Marie CARLINO	08/06/19	Mardi	Temps partiel : 32 heures		
Lina BRICHKOV	11/06/19	Vendredi	1 journée/ quinzaine		

ANNEXE B - Avenant au contrat de travail Lucas VIRGOT

(à rendre avec la copie)

AVENANT AU CONTRAT DE TRAVAIL - TRAVAIL À DISTANCE

Entre les soussignés :

La Société Roche Diagnostics France, dont le siège social est au 2 avenue du Vercors – 38240 MEYLAN Cedex, inscrite au Registre du Commerce et des Sociétés de Grenoble sous le numéro 380484766, représentée par Monsieur Bernard COLOMBO, et Madame Alicia BELLO, à la Direction des Ressources Humaines, dûment habilités à l'effet des présentes,

D'UNE PART

Et M. ....

Demeurant au ....,

D'AUTRE PART

Il a été convenu ce qui suit :

ARTICLE I. – OBJET ET DATE DE PRISE D'EFFET

Dans le cadre de l'accord d'entreprise sur le Travail à Distance signé en date du 10 juin 2016 et auquel il convient de se référer, la Société Roche Diagnostics France, et M. .... conviennent des dispositions suivantes concernant l'aménagement du temps de travail de ce dernier et ce à compter du ....

ARTICLE II. - DURÉE DE VALIDITÉ DE L'AVENANT ET RÈGLES DE RÉVERSIBILITÉ

Le travail à distance n'est ni un droit, ni une obligation, et sa mise en œuvre doit répondre à certaines conditions telles que définies dans les articles suivants.

Le présent avenant a une durée de validité d'un an, tacitement renouvelable.

Les parties confirment par le présent avenant que le travail à distance revêt un caractère fondé sur le volontariat et la double réversibilité, tant à l'initiative du salarié, que de la société Roche Diagnostics France.

Celui-ci ou la société pourra librement mettre fin au travail à distance, sous forme d'un écrit motivé et sous réserve d'un délai de prévenance de 1 mois.

ARTICLE III. – MODALITÉS D'EXÉCUTION DU TRAVAIL À DISTANCE

M .... travaillera à distance depuis son domicile le .... de chaque semaine.

ANNEXE B - Avenant au contrat de travail Lucas VIRGOT (suite)

(à rendre avec la copie)

Pour ce jour de travail à distance, la demande de travail à distance devra être formalisée dans le système de Gestion des Temps et des Activités (GTA), au minimum 3 jours ouvrés avant sa date effective. L'acceptation de cette demande par le manager se fera dans les mêmes conditions qu'une demande d'absence soumise à validation préalable.

Il se doit de rester joignable aux heures habituelles de travail et à être en mesure de répondre à ses interlocuteurs dans les mêmes conditions que dans les locaux de l'entreprise.

ARTICLE IV. – CONDITIONS D'UTILISATION DU MATÉRIEL MIS À DISPOSITION ET VALIDATION TECHNIQUE PRÉALABLE

M.. déclare disposer, à son domicile, d'un environnement bureautique équivalent à celui de son poste de travail habituel.

Il est rappelé que la mise en œuvre du travail à distance ne doit pas générer de coûts spécifiques, ni pour le collaborateur, ni pour l'entreprise en termes d'équipements, matériels, fournitures et qu'aucune indemnité ne sera versée à ce titre.

Les autres articles du contrat de travail restent inchangés.

Fait à .... , le ....

(Signature précédée de la mention « lu et approuvé »)

ANNEXE C - BILAN SOCIAL ET SOCIÉTAL 2018 chez RDF et dans le groupe ROCHE (extrait)

(à rendre avec la copie)

			Roche Diagnostics France				Groupe ROCHE	
			2017	**%**	**2018**	**%**	**Objectifs 2018 en %**	**Écarts en points constatés**
EMPLOI	Hommes		352	60,00	343	59,00	< 60,00	1
	Femmes		234	40,00	238	41,00	> 40,00	1
	Effectif total		**586**	**100,00**	**581**	**100,00**		
	Âge	18 - 24 ans (génération Z)	12	2,00			20	
		25 - 39 ans (génération Y)	234	40,00			30	
		40 - 54 ans (génération X)	252	43,00			30	
		55 ans et + (génération Baby boomers)	88	15,00			20	
	Turnover (taux de rotation du personnel)			2,27		1,48	3,00	- 1,52
	Départs (repartions ci-dessous)		**10**	**100,00**				
	Âge	25 - 39 ans (génération Y)	4	40,00				
		40 - 54 ans (génération X)	2	20,00				
		55 ans et + (génération Baby boomers)	4	40,00				
CONDITIONS DE TRAVAIL ET RESPONSABILITÉ SOCIÉTALE DE L'ENTREPRISE (RSE)	Mobilité interne		16	2,73	19	3,27	15	- 11,73
	Nombre total d'heures de formation accordées aux employés		23 450	60,67	21 966	57,96	100,00	- 42,04
	Nombre total d'heures de formation demandées par les salariés		**38 654**	**100,00**	**37 895**	**100,00**	En quantité	En quantité
	Nombre de jours de Travail à Distance		10 904		14 418		12 000	2 418
	Gaz à effet de serre (tonnes de CO_2 émis/employé)		6,35		5,79		6	- 0,21
	Consommation d'eau (milliers de m^3/employé)		481		477		480	- 3
	Production de déchets (kg/employé)		167		158		158	0

ÉPREUVE E2 – Gestion administrative des relations avec le personnel

SITUATIONS PROFESSIONNELLES DU BAC PRO GA MISES EN ŒUVRE :

2.1.1 Tenue et suivi des dossiers des salariés
Compétence visée : Actualiser des dossiers de personnel dans le respect de la législation du travail

2.1.2 Gestion administrative des temps de travail
Compétence visée : Décompter et planifier le temps de travail

2.2.2 Participation à la mise en œuvre d'un programme d'accueil
Compétence visée : Appliquer un programme d'accueil

2.3.1 Préparation des bulletins de salaire
Compétence visée : Renseigner et contrôler la vraisemblance des états préparatoires aux bulletins de salaire

2.3.3 Participation à la préparation et au suivi budgétaire
Compétence visée : Mettre à jour un état budgétaire et signaler les écarts

2.4.4 Participation à la mise en place d'activités sociales et culturelles
Compétence visée : Mettre en œuvre des actions à destination du personnel

Entreprise IRRIJARDIN

BARÈME INDICATIF

Dossier	Pages	Barème
PRÉSENTATION DE L'ENTREPRISE	91	
Dossier 1 – Recrutement d'un vendeur en contrat de professionnalisation • 1.1. Calculer le montant d'un salaire mensuel • 1.2. Renseigner un contrat de professionnalisation • 1.3. Lister les documents qui permettront d'actualiser le dossier d'un salarié • 1.4. Proposer des solutions pour assurer un meilleur suivi des dossiers	93	**/20**
Dossier 2 – Accueil des nouveaux salariés • 2.1. Rédiger les éléments d'un paragraphe du livret d'accueil • 2.2. Proposer les éléments qui devront figurer sur la page du site internet et ajouter un titre • 2.3. Suggérer des solutions d'évaluation	94	**/20**
Dossier 3 – Situation budgétaire de la formation du personnel • 3.1. Calculer le coût de formation et faire apparaître les écarts • 3.2. Commenter les écarts constatés • 3.3. Proposer des solutions pour diminuer le budget	95	**/20**
Dossier 4 – Contrôle d'un bulletin de paie et information aux salariés • 4.1. Rendre compte des éventuelles anomalies sur des documents • 4.2. Recalculer un salaire brut tenant compte des anomalies constatées • 4.3. Présenter les éléments de réponse aux interrogations de Madame FONT	96	**/15**
Présentation, soin, orthographe et syntaxe		**/05**
TOTAL		**/80**
TOTAL		**/20**

Documents fournis	**Document 1 -** Extrait PGI – Dossier salarié **Document 2 -** Mémo – embauche Théo VERFEIL **Document 3 -** Courriel de l'ISFHG **Document 4 -** Extrait de la notice du contrat de professionnalisation **Document 5 -** Documentation juridique – délais de conservation des documents **Document 6 -** Extraits PGI – Dossier salarié **Document 7 -** Extrait du livret d'accueil **Document 8 -** Extrait du règlement intérieur de la salle de sport **Document 9 -** Mémo – Budget de formation **Document 10 -** Feuille de présence d'Alain PAGES au Salon Piscine & Spa 2019 **Document 11 -** Extrait bulletin de paie – Alain PAGES **Document 12 -** Courriel d'Alain PAGES **Document 13 -** Extrait de la convention collective nationale du bricolage **Document 14 -** Documentation juridique – Rémunération des heures supplémentaires **Document 15 -** Courriel de Denise FONT **Document 16 -** Documentation juridique relatif au prélèvement à la source
Documents à compléter	**Annexe A -** Contrat de professionnalisation **Annexe B -** Extrait site internet IRRIJARDIN **Annexe C -** Budget formation

PRÉSENTATION DE L'ENTREPRISE

Raison Sociale: **IRRIJARDIN SA**
Dirigeant: **Yves ALLIBERT**
Statut Juridique: **SASU**
Capital: **1 000 000,00 €**
Siège Social: **route de Toulouse 31410 NOÉ**
Téléphone: **+33 (0)5 61 90 89 00**
Télécopie: **+33 (0)5 61 90 89 01**
Site Internet: **www.irrijardin.fr**
Courriel: **contact@irrijardin.fr**
SIRET: **325 567 832 00069 – RCS TOULOUSE 325 567 832**
NAF: **4752B (convention collective nationale du bricolage)**
TVA intracommunautaire: **FR 32 325 567 832 00069**
OPCA: **FORCO - n° adhérent 25209**
Effectif du siège: **100 salariés**

Créée en 1989 à Portet-sur-Garonne (31), la société **IRRIJARDIN** est devenue en quelques années le leader français de l'équipement pour la piscine, le spa et l'arrosage de jardin. La force du concept réside dans l'offre en magasin, avec un éventail de prix à la portée de tous les budgets et une notion de services et de conseils soutenus par 30 ans de savoir-faire.

La société **IRRIJARDIN** compte 100 magasins en 2018, répartis sur le territoire national. Intégrer **IRRIJARDIN**, c'est s'impliquer dans une entreprise en croissance et partager le challenge d'un leader sur son marché. C'est également partager une culture d'entreprise qui s'exprime autour de principes fondamentaux: l'humain au cœur de l'entreprise, le sens du service et de la proximité, le partage du savoir-faire et la culture de l'innovation.

Vous travaillez au siège social situé à Noé, au sud de Toulouse. Vous occupez le poste de gestionnaire administratif, sous la direction de Sophie GUCCIARDI, directrice des ressources humaines (courriel: drh@irrijardin.fr).

IRRIJARDIN a recours à un PGI développé spécifiquement pour communiquer des informations, partager des documents et données, traiter les opérations relatives à la gestion du personnel.

EXTRAIT DE L'ORGANIGRAMME au 1er juin 2019

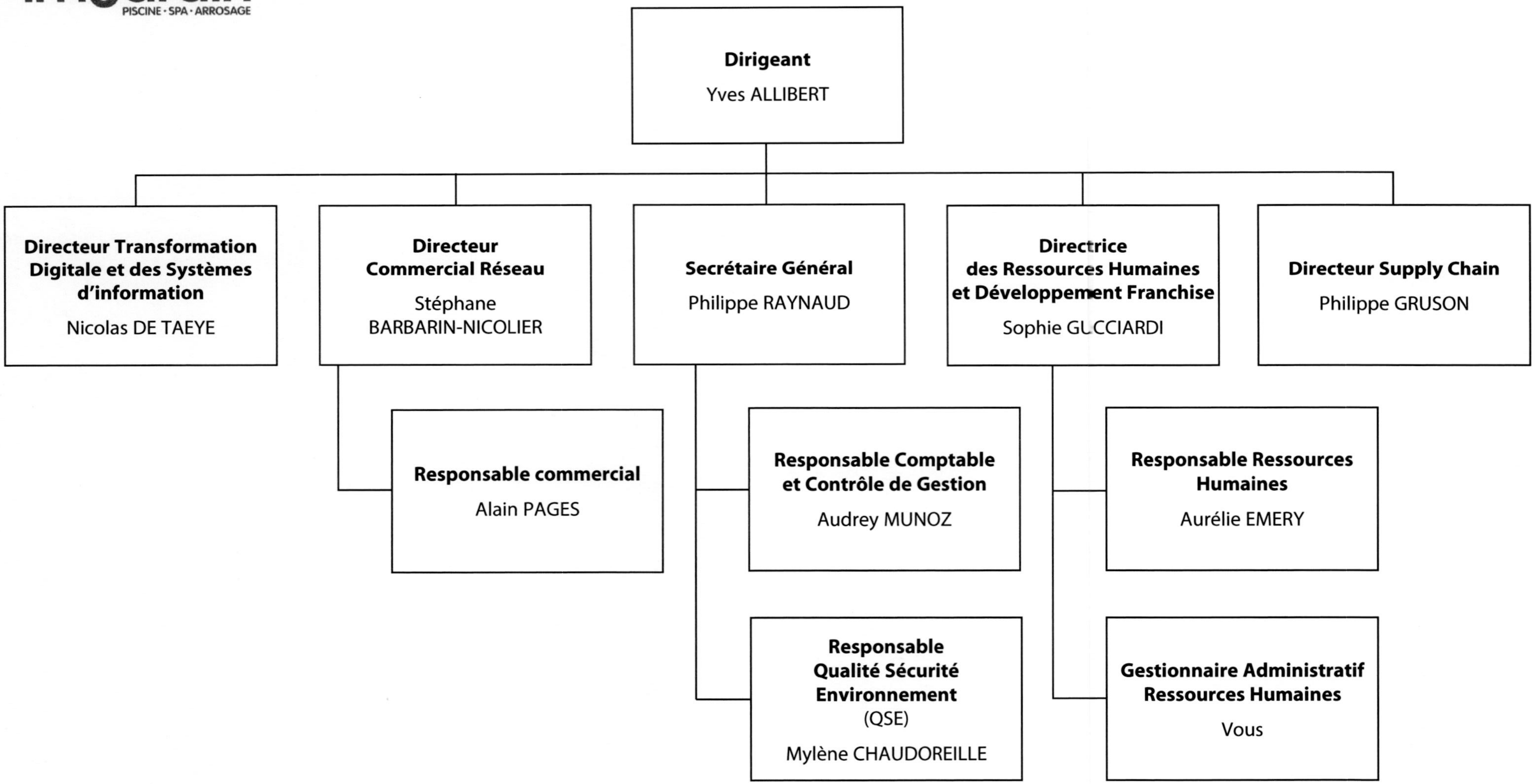

DOSSIER 1 - Recrutement d'un vendeur en contrat de professionnalisation

IRRIJARDIN recrute chaque année des femmes et des hommes passionnés par leur métier. La société déploie une politique de recrutement qui inclut la formation et la qualification du personnel. Pour les postes de « vendeur en magasin » notamment, elle privilégie les contrats de professionnalisation.

Votre DRH, Sophie GUCCIARDI, vous confie le dossier de Théo VERFEIL qui sera embauché en tant que vendeur en contrat de professionnalisation.
Il doit se présenter le 24 juin 2019 afin de signer son contrat qui prendra effet le 1er juillet 2019. Alain PAGES sera son tuteur.

IRRIJARDIN a pour habitude de rémunérer les titulaires d'un contrat de professionnalisation au-delà du minimum prévu par les textes réglementaires.

1.1. Calculer le montant du salaire mensuel que percevra Théo VERFEIL au moment de l'embauche. (Composition sur la copie)

1.2. Renseigner le contrat de professionnalisation de Théo VERFEIL. (Annexe A à rendre avec la copie)

IRRIJARDIN numérise tous les documents des salariés et les intègre dans les dossiers du personnel sur le PGI.
Sophie GUCCIARDI vous demande de mettre à jour le dossier d'un salarié qui ne fait plus partie de l'effectif de l'entreprise depuis décembre 2014.

1.3. Lister les documents qui permettront d'actualiser le dossier d'Alex GOFFI. (Composition sur la copie)

1.4. Proposer des solutions pour assurer un meilleur suivi des dossiers du personnel. (Composition sur la copie)

Ressources à disposition :

- Extrait PGI – Dossier salarié **(Document 1)**
- Mémo – embauche Théo VERFEIL **(Document 2)**
- Courriel de l'ISFHG **(Document 3)**
- Extrait de la notice du contrat de professionnalisation **(Document 4)**
- Documentation juridique – délais de conservation des documents **(Document 5)**
- Extraits PGI – Dossier salarié **(Document 6)**

DOSSIER 2 - Accueil des nouveaux salariés

IRRIJARDIN est engagée dans une démarche citoyenne dans le cadre de la responsabilité sociétale de l'entreprise (RSE). Cette politique, au-delà de son impact dans l'entreprise, est une source de motivation et de cohésion pour les salariés et un réel levier de performance économique. Cette volonté s'est traduite par l'ouverture d'une salle de sport mise à la disposition des salariés. Cette information n'apparaît pas sur la version actuelle du livret d'accueil.
Alain PAGES est chargé de préparer un parcours d'intégration personnalisé pour Théo VERFEIL qui se verra remettre à cette occasion le livret d'accueil de l'entreprise. Sophie GUCCIARDI souhaite que ce document soit actualisé.

2.1. Rédiger les éléments du paragraphe du livret d'accueil consacré à l'utilisation de la salle de sport. Préciser où sera inséré ce paragraphe dans le sommaire.
(Composition sur la copie)

Le site internet nécessite une mise à jour, notamment la rubrique « Veiller sur nos collaborateurs ». Vous participez à la rédaction de cette page. Elle devra mettre en avant l'intérêt pour l'entreprise et pour les salariés de la mise à disposition de la salle de sport.

2.2. Proposer les éléments qui devront figurer sur la page du site internet et ajouter un titre à cette page. (Annexe B à rendre avec la copie)

2.3. Suggérer des actions à mener pour évaluer l'impact des activités sportives auprès du personnel. (Composition sur la copie)

Ressources à disposition :

- Extrait du livret d'accueil **(Document 7)**
- Extrait du règlement intérieur de la salle de sport **(Document 8)**

DOSSIER 3 - Situation budgétaire de la formation du personnel

IRRIJARDIN propose à tous les vendeurs, nouvellement embauchés en CDI, une formation aux techniques de vente. Celle-ci était, jusqu'en 2017, sous-traitée par un centre de formation externe. Depuis janvier 2018, IRRIJARDIN a fait le choix de créer son propre centre de formation pour former elle-même ses salariés en interne. Il accueillera également des participants extérieurs à l'entreprise.

Sophie GUCCIARDI souhaite connaître l'impact financier et social de ce choix stratégique et vous demande de comparer le coût d'une formation externalisée et d'une formation interne.

3.1. Calculer le coût de la formation pour 2018. Faire apparaître les écarts entre 2017 et 2018. (Annexe C à rendre avec la copie)

3.2. Commenter les écarts constatés. (Composition sur la copie)

IRRIJARDIN souhaite continuer l'optimisation des coûts de formation.

3.3 Proposer des solutions qui pourraient diminuer davantage le budget sans impacter la qualité de la formation. (Composition sur la copie)

Ressources à disposition :

- Mémo – Budget de formation **(Document 9)**

DOSSIER 4 - Contrôle d'un bulletin de paie et information aux salariés

Le salon Piscine & Spa s'est déroulé à Paris du 13 au 19 mai 2019. Alain PAGES, le responsable commercial, a assuré la tenue du stand IRRIJARDIN. La participation à ce salon a généré des modifications de ses horaires de travail. En consultant son bulletin de paie du mois de mai 2019, il a relevé des anomalies.

4.1. Rendre compte à Sophie GUCCIARDI des éventuelles anomalies sur les documents concernant Alain PAGES. (Composition sur la copie)

4.2. Recalculer le salaire brut d'Alain PAGES en tenant compte des anomalies constatées. (Composition sur la copie)

Depuis janvier 2019, le prélèvement à la source de l'impôt sur le revenu est obligatoire. Denise FONT, salariée de l'entreprise, s'interroge encore à ce sujet et sollicite Sophie GUCCIARDI par courriel.

4.3. Présenter les éléments de réponse aux interrogations de Madame FONT.
(Composition sur la copie)

Ressources à disposition :

- Feuille de présence d'Alain PAGES au salon Piscine & Spa 2019 **(Document 10)**
- Extrait bulletin de paie – Alain PAGES **(Document 11)**
- Courriel d'Alain PAGES **(Document 12)**
- Extrait de la convention collective nationale du bricolage **(Document 13)**
- Documentation juridique – Rémunération des heures supplémentaires **(Document 14)**
- Courriel de Denise FONT **(Document 15)**
- Documentation juridique relatif au prélèvement à la source **(Document 16)**

DOCUMENT 1 - Extrait PGI – Dossier salarié

Employés /VERFEIL Théo

Modifier | Créer | Imprimer ▾ | Pièce(s) jointe(s) ▾ | Autres options ▾ | 34/200

Nom-Prénom

VERFEIL Théo

Informations publiques | Objectifs | Information personnelle | Paramètres RH

Informations sur le contact

Adresse professionnelle	Route de Toulouse 31410 NOE
Localisation agence	Siège social NOE

Poste

Département	Ventes
Titre du poste	Vendeur en magasin
Responsable	Aurélie EMERY

Informations publiques | Objectifs | Information personnelle | Paramètres RH

Nationalité & autres infos

Nationalité	Française
Numéro de Compte Bancaire	IBAN FR41 1310 600544
Autre identifiant (N° INSEE, etc.)	1 99 02 31 555 218 34

Informations sur le contact

Adresse personnelle	18 allée de Port-Cros 31600 MURET

État

Genre	Masculin
État Civil	Célibataire
Nombre d'enfants	0

Naissance

Date de naissance	23/02/1999
Lieu de Naissance	Toulouse

Formation

Niveau Bac Pro Commerce

Type de contrat

Contrat de professionnalisation

Du 01/07/2019 au 30/09/2021

Situation avant embauche

Scolaire

DOCUMENT 2 - Mémo – embauche Théo VERFEIL

Notes / Embauche

Modifier | Créer | Pièce(s) jointe(s) ▾ | Autres options ▾

Aujourd'hui | Cette semaine | Ce mois | Tous les mois

Objet : Contrat de professionnalisation de Théo VERFEIL

Éléments à prendre à compte pour établir le contrat :

- emploi à plein temps ;
- période d'essai d'un mois ;
- base de rémunération : rémunération minimale prévue par le Code du travail + 7 % ;
- montant du SMIC au premier janvier 2019 : 1 521,22 € brut mensuel sur la base de 35 heures hebdomadaire.

Envoi d'un message ou Enregistrer une note interne

Note créé

Sophie GUCCIARDI

Abonné(e)

Ajouter d'autres abonnés

Aurélie EMERY

Gestionnaire-Administratif (Vous)

DOCUMENT 3 - Courriel de l'ISFHG

Nouveau message

De : contact@isfhg.com

A : contact@irrijardin.fr

Objet : **Formation spécialité 312 Téo Verfeil**

Bonjour,

Nous vous confirmons l'inscription de Théo Verfeil en Baccalauréat Professionnel Commerce.

La formation débutera le 15 octobre 2019, 1 100 heures de formation seront dispensées (dont 970 heures d'enseignements généraux, professionnels et technologiques).

La date prévue de fin des examens est le 13 juillet 2021.

Nous restons à votre disposition pour tous renseignements complémentaires.

Bien cordialement.

Cyril Duchamps
Responsable Formation MCO
Institut Supérieur de Formation en Haute Garonne
12 avenue Jean Jaurès 31072 Toulouse Cedex
N° déclaration d'activité : 95845123658
SIRET 23554128941251

ENVOYER

DOCUMENT 4 - Extrait de la notice du contrat de professionnalisation (Cerfa n° 51650#03)

LE SALARIÉ

DERNIÈRE SITUATION AVANT CE CONTRAT

1. Scolaire
2. Jeune bénéficiaire du CIVIS
3. Étudiant
4. Contrat d'apprentissage
5. Contrat de professionnalisation
6. Salarié en contrat aidé : CUI-CIE, CUI-CAE
7. Stagiaire de la formation professionnelle
8. Salarié (y compris intérimaires et salariés à temps partiel)
9. Personne à la recherche d'un emploi
10. Inactif

DIPLÔME OU TITRE LE PLUS ÉLEVÉ OBTENU

Diplômes et titres du salarié

[…] Diplôme ou titre de niveau bac + 3 ou plus
21. Licence professionnelle
[…] Diplôme ou titre de niveau bac + 2
31. Brevet de Technicien Supérieur
32. Diplôme Universitaire de technologie […]
Diplôme ou titre de niveau bac
41. Baccalauréat professionnel
42. Baccalauréat général
43. Baccalauréat technologique […]

La table des diplômes et titres est à utiliser pour renseigner aussi bien le « diplôme le plus élevé obtenu » dans la rubrique « SALARIÉ » du formulaire que le « diplôme ou titre visé » dans la rubrique « FORMATION ».

DOCUMENT 4 - Extrait de la notice du contrat de professionnalisation (Cerfa n° 51650#03) (suite)

RÉMUNÉRATION

Le salaire inclut les primes ou accessoires de salaires. À l'échéance du contrat de professionnalisation, l'indemnité de précarité, prévue à l'art. L.1243-8 du Code du travail, n'est pas due par l'employeur. [...]

Grille des rémunérations minimales prévues par le Code du travail

	Titre ou diplôme non professionnel de niveau IV ou titre ou diplôme professionnel inférieur au bac	Titre ou diplôme professionnel égal ou supérieur au bac ou diplôme de l'enseignement supérieur
De 16 à 20 ans révolus	55 % du SMIC	65 % du SMIC
De 21 à 25 ans révolus	70 % du SMIC	80 % du SMIC
Âgés de 26 ans et plus	Rémunération égale à 85 % du salaire minimum conventionnel de branche sans pouvoir être inférieur à 100 % du SMIC.	

LE CONTRAT

Contrat initial

11. Contrat initial (cas général).
12. Contrat initial conclu conjointement avec deux employeurs pour l'exercice d'une activité saisonnière : une convention tripartite est nécessaire pour la validation du contrat par l'OPCA (contrat régi par l'article L.6325-4-1)

Renouvellement de contrat

21. Nouveau contrat en raison de l'échec aux épreuves d'évaluation.
22. Nouveau contrat en raison de la défaillance de l'organisme de formation.
23. Nouveau contrat en raison de la maternité, de la maladie ou d'un accident de travail.
24. Nouveau contrat pour l'obtention d'une qualification supérieure ou complémentaire à celle acquise lors du contrat précédent.

Changement des conditions du contrat

30. Avenant.

LA FORMATION

FORMATION : TYPE DE QUALIFICATION VISÉE

1. Certification enregistrée au RNCP (répertoire national des certifications professionnelles, consultable sur www.cncp.gouv.fr) autre qu'un CQP. Les diplômes de l'éducation nationale et les titres professionnels du ministère de l'Emploi, notamment, appartiennent à cette catégorie.
2. Certificat de qualification professionnelle (CQP).
3. Qualification reconnue dans les classifications d'une convention collective nationale.
4. Formation permettant d'obtenir une partie identifiée de certification professionnelle, classée au sein du répertoire, visant à l'acquisition d'un bloc de compétences.
5. Action de pré-qualification ou de préformation.
6. Certification inscrite au sein des catégories A et B de l'inventaire de la commission nationale de la certification professionnelle (CNCP).
7. Autre.

DOCUMENT 5 - Documentation juridique – délais de conservation des documents

Service-Public-Pro.fr

Liberté • Égalité • Fraternité
République Française

Le site officiel de l'administration française

Quels sont les délais de conservation des documents pour les entreprises ?

Vérifié le 07 mai 2018 - Direction de l'information légale et administrative (Premier ministre)

Tout document émis ou reçu par une entreprise dans l'exercice de son activité doit être conservé pendant certaines durées minimales (même si rien n'empêche l'entreprise de l'archiver plus longtemps, sauf s'il contient des données personnelles). Ces délais de prescription, pendant lesquels l'administration peut mener des contrôles à posteriori, varient en fonction de la nature des papiers à conserver et des obligations légales qui s'y rapportent.

Type de document	Durée de conservation	Texte de référence
Bulletin de paie (double papier ou sous forme électronique)	5 ans	Article L3243-4 du code du travail
Registre unique du personnel	5 ans à partir du départ du salarié	Article R1221-26 du code du travail
Document concernant les contrats de travail, salaires, primes, indemnités, soldes de tout compte, régimes de retraite.	5 ans	Article 2224 du code civil
Document relatif aux charges sociales et à la taxe sur les salaires	3 ans	Articles L244-3 du code de la sécurité sociale et L169 A du livre des procédures fiscales
Comptabilisation des jours de travail des salariés sous convention de forfait	3 ans	Article D3171-16 du code du travail
Comptabilisation des horaires des salariés, des heures d'astreinte et de leur compensation	1 an	Article D3171-16 du code du travail
Observation ou mise en demeure de l'inspection du travail Vérification et contrôle du CHSCT	5 ans	Article D4711-3 du code du travail
Déclaration d'accident du travail auprès de la caisse primaire d'assurance maladie	5 ans	Article D4711-3 du code du travail

DOCUMENT 6 - Extraits PGI – Dossier salarié

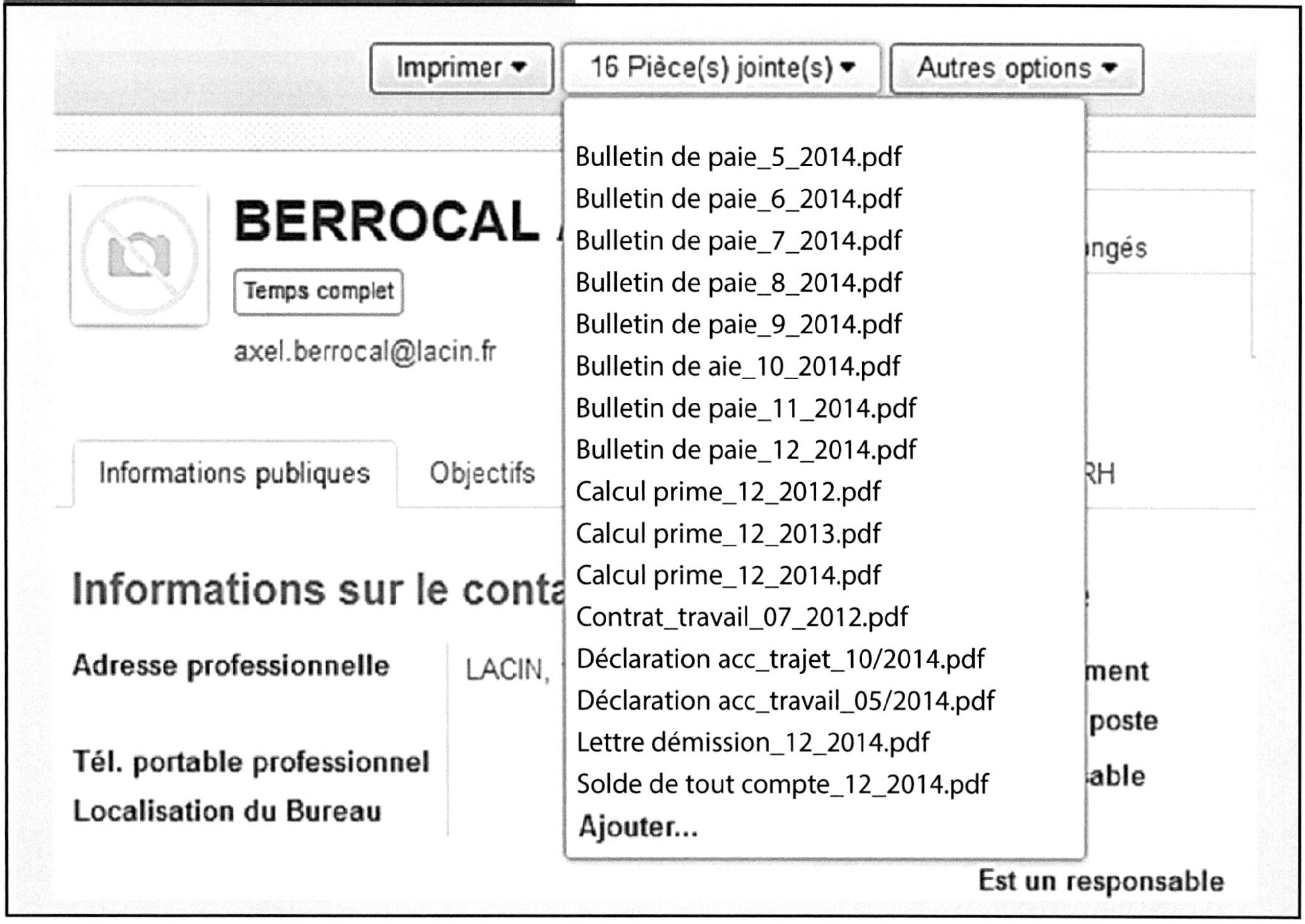

DOCUMENT 7 - Extrait du livret d'accueil

SOMMAIRE LIVRET D'ACCUEIL

Irrijardin ■ 3

DOCUMENT 8 - Extrait du règlement intérieur de la salle de sport

irrijardin
PISCINE · SPA · ARROSAGE

[...]

1. Conditions d'accessibilité à la salle de sport

1.1- **Un certificat médical d'aptitude au sport en salle devra être remis au service QSE.**
1.2- La salle de sport du site de Noé sera accessible à l'ensemble des salariés [...] IRRIJARDIN **en dehors de leurs heures de travail.** Pendant l'utilisation de cette salle de sport, il n'existe en conséquence plus aucun lien de subordination entre les salariés et l'entreprise. [...].
1.3- Pour un bon fonctionnement de la salle, le calendrier ainsi que les horaires d'ouverture devront être respectés (du lundi au vendredi de 8 h à 19 h). [...].
1.4- Seules les personnes ayant signé le présent règlement et ayant remis leur certificat médical d'aptitude auront accès à la salle de sport.
1.5- [...]
1.6- Au sein de la salle de sport, des cours collectifs réalisés par des professionnels seront proposés. Une cotisation sera nécessaire pour pouvoir participer à ces cours.
1.7- [...]

2. Tenue et équipements

2.1- Les utilisateurs doivent durant leurs activités sportives porter une tenue correcte et adéquate [...] afin de limiter les risques de blessure de la personne par les appareils.
2.2- Afin de respecter l'hygiène du matériel, une serviette devra être utilisée comme protection du matériel pour éviter toute trace de sueur ou dégradation sur celui-ci.
2.3- Les équipements devront être désinfectés par les salariés à chaque fin d'utilisation.
2.4- Les chaussures doivent être exclusivement réservées à l'utilisation en salle de sport.

3. Respect et entretien des locaux [*Cf.* affichage dans la salle]

4. Respect des autres utilisateurs et de l'entreprise [*Cf.* affichage dans la salle]

5. Responsabilité de l'entreprise [*Cf.* affichage dans la salle]

IRRIJARDIN - siège social et centrale d'achats I Route de Toulouse – 31410 NOÉ
Tél. : 05 61 908 900 I Fax : 05 61 908 901 I contact@irrijardin.fr I www.irrijardin.fr
IRRIJARDIN S.A.S. au capital de 1 000 000 € I R.C.S. Toulouse B325567832

DOCUMENT 9 - Mémo – Budget de formation

Notes / Budget

Modifier | Créer | Pièce(s) jointe(s) ▾ | Autres options ▾ | Aujourd'hui | Cette semaine | Ce mois | Tous les mois

Objet : Budget des coûts de formation des vendeurs

Éléments à prendre à compte pour les coûts de formation en interne 2018 :

- Frais de location des matériels : 127 €
- Frais de transport, de restauration et d'hébergement : 875 €
- Frais divers : 850 €
- Supports de formation (documentation) : 2 500 €
- Salaire mensuel brut du formateur embauché au 1er janvier 2018 : 1 792 € + 50 % de charges

Envoi d'un message ou Enregistrer une note interne

Note créé
Sophie GUCCIARDI

Ajouter d'autres abonnés
Aurélie EMERY
Gestionnaire-Administratif (Vous)

DOCUMENT 10 - Feuille de présence d'Alain PAGES au Salon Piscine & Spa 2019

Semaine 20

Modifier | Créer | Pièce(s) jointe(s) ▾ | Autres options ▾

Approuvé

Alain PAGES

Période des feuilles de | du 13 mai au 19 mai 2019

4 Feuille de présence

Résumé | Détails

	lun. 13-mai	mar. 14-mai	mer. 15-mai	jeu. 16-mai	ven. 17-mai	sam. 18-mai	Total
Total	00:00	04:00	08:30	08:30	08:00	10:00	39:00

DOCUMENT 11 - Extrait bulletin de paie – Alain PAGES

irrijardin
PISCINE · SPA · ARROSAGE

Bulletin de paie
Période du 01/05/19 au 31/05/19

IRRIJARDIN SA
ROUTE DE TOULOUSE
31410 NOE

N. SIRET : 32556783200069 NAF : 4752B
URSSAF DE TOULOUSE
N. URSSAF : 727000000604158093

CCN NATIONALES DU BRICOLAGE

M. ALAIN PAGES
46 rue Victor Michaud
31300 TOULOUSE
France

DBG/FRA/M/502/SUDO/025/022/044

MATRICULE : 00052236	CLASSIFICATION :cadre	RÉFÉRENCE : 151,67 HEURES
N. SS : 185023155521834	NIVEAU / GROUPE : KQO	DATE D'ANCIENNETÉ : 8 ans et 4 mois
EMPLOI : Responsable commercial	POSITION / ÉCHELON : 452	DATE D'ENTRÉE : 01/02/2011
AFFECTATION : AGR52366		DATE DE SORTIE :

RUBRIQUES		BASE	TAUX SALARIAL	PART SALARIALE		PART PATRONALE	
				À PAYER	À DÉDUIRE	TAUX	MONTANT
ISS	**Salaire**	**151,67**	**19,200**	**2 912,06**			
ISB	Heures sup 125 % semaine 20	8,00	24,000	192,00			
QA4	Heures sup 150 %		28,800	-			
EBI	Heures majorées (dimanche)	-	38,400		-		
A02	**SALAIRE BRUT MENS**			**3 104,06**			

DOCUMENT 12 - Courriel d'Alain PAGES

Nouveau message

De : Alain PAGES

A : sophie.gucciardi@irrijardin.fr

Objet : **Anomalie sur montant salaire mai 2019**

Bonjour,

En contrôlant ma fiche de paie, j'ai constaté des anomalies. Lors de mon déplacement au salon « piscine et spa » semaine 20, j'ai travaillé pour un total de 47 heures dont 8 heures le dimanche 19 mai.

Cordialement.

Alain PAGES

ENVOYER

Heures effectivement réalisées avec mon accord le dimanche 19 mai.

Sophie GUCCIARDI

DOCUMENT 13 - Extrait de la Convention collective nationale du bricolage (IDCC1606) : rémunération du travail du dimanche

Legifrance.gouv.fr
LE SERVICE PUBLIC DE LA DIFFUSION DU DROIT

mercredi 4 juillet 2018 — Informations de mise à jour

Accueil | Droit français | Droit européen | Droit international | Traductions | Bases de données

Vous êtes dans : Accueil > Recherche simple dans les accords de branche et les conventions collectives > Convention collective nationale du bricolage (Vente au détail en libre-service) du 30 septembre 1991. > **Textes Attachés - Accord du 23 janvier 2014 relatif au travail du dimanche - Article 5**

Convention collective nationale du bricolage (Vente au détail en libre-service) du 30 septembre 1991. - Textes Attachés - Accord du 23 janvier 2014 relatif au travail du dimanche - Article 5

Masquer le panneau de navigation — << Article précédent - Article suivant >> - Imprimer

IDCC 1606

- Textes Attachés
  - **Accord du 23 janvier 2014 relatif au travail du dimanche**

Article 5

Contreparties au travail dominical

En vigueur étendu

Chaque salarié travaillant le dimanche se voit garantir une rémunération [...] égale au double de la rémunération normalement due au titre des heures qu'il a travaillées le dimanche.

DOCUMENT 14 - Documentation juridique – Rémunération des heures supplémentaires

SMIC mensuel brut au 01/01/2019 pour 151,67 heures mensuelles : 1 521,22 €

EXTRAIT RELATIF À LA RÉMUNÉRATION DES HEURES SUPPLÉMENTAIRES D'UN SALARIÉ DU SECTEUR PRIVÉ

Toute heure de travail accomplie, à la demande de l'employeur, au-delà de la durée légale de 35 heures hebdomadaires [...] est une heure supplémentaire.

Les heures supplémentaires ouvrent droit à une rémunération plus favorable (taux horaire majoré) au salarié [...].

À défaut d'accord ou de convention, les taux de majoration horaire sont fixés à :

25 % pour les 8 premières heures supplémentaires travaillées dans la même semaine (de la 36e à la 43e heure) ;

50 % pour les heures suivantes.

www.service-public.fr/particuliers/vosdroits/F239

DOCUMENT 15 - Courriel de Denise FONT

Nouveau message

De : Denise FONT

À : sophie.gucciardi@irrijardin.fr

Objet : **Prélèvement à la source**

Bonjour,

Je viens d'être embauchée et je voudrais savoir quels documents vous remettre afin que vous déterminiez mon taux de prélèvement.

Par ailleurs, je n'ai pas bien compris l'intérêt du prélèvement à la source. Pouvez-vous m'éclairer sur ce point ?

Cordialement,

D. FONT

Vendeuse magasin Auch

ENVOYER

DOCUMENT 16 - Documentation juridique relatif au prélèvement à la source

L'entrée en vigueur du prélèvement à la source de l'impôt sur le revenu est fixée au 1er janvier 2019. Le prélèvement à la source de l'impôt sur le revenu vise à adapter le recouvrement de l'impôt au titre d'une année à la situation réelle de l'usager (revenus, événements de vie) au titre de cette même année, sans en modifier les règles de calcul. Il a pour objectif de supprimer le décalage d'un an entre la perception des revenus et le paiement de l'impôt sur ces revenus.

La mise en œuvre du prélèvement à la source est simplifiée grâce à la Déclaration sociale nominative (DSN). L'administration fiscale calculera le taux de prélèvement (en tenant compte des options retenues dans certains cas par le contribuable) et restera responsable de la collecte de l'impôt sur le revenu. Son action permettra de garantir la bonne collecte de l'impôt, d'assurer la confidentialité des informations personnelles des contribuables et d'éviter que les entreprises aient en charge de calculer l'impôt de leurs salariés.

Les entreprises recevront par le même système informatique que celui par lequel elles transmettent la déclaration sociale nominative (DSN), le taux de prélèvement à appliquer sur le salaire. Aujourd'hui, la DSN est généralisée à toutes les entreprises, ce qui a entraîné une vague sans précédent de modernisation des logiciels de paie.

Le rôle de l'entreprise

Dans le cas général, l'entreprise aura quatre obligations :

1. appliquer le taux transmis par la DGFiP. L'entreprise n'aura pas à appliquer de taux de manière rétroactive. Pour toute réclamation sur son taux, le salarié s'adressera directement à la DGFiP ;
2. retenir le prélèvement à la source sur le salaire net à verser au titre du mois M, en appliquant le taux au salaire net imposable ;
3. déclarer les montants prélevés pour chaque bénéficiaire de revenus ;
4. reverser en M+1 à la DGFiP les prélèvements à la source du mois M.

Retour au sommaire

Comment garantir la confidentialité aux salariés ?

Le salarié ne donnera aucune information à son employeur. C'est l'administration fiscale qui restera l'interlocuteur unique du contribuable, et sera la seule à transmettre les taux aux collecteurs. La seule information transmise au collecteur sera le taux de prélèvement, qui ne révèle aucune information spécifique. En effet, un même taux de prélèvement à la source peut recouvrir des situations très variées. La grande majorité des contribuables (90 %) aura un taux de prélèvement à la source compris entre 0 et 10 %. En outre un même taux (seule donnée transmise à l'employeur) peut recouvrir des situations différentes, comme le montre l'exemple ci-dessous. La confidentialité reste donc garantie.

Retour au sommaire

Source : https://www.economie.gouv.fr/prelevement-a-la-source

ANNEXE A - Contrat de professionnalisation

(à rendre avec la copie)

cerfa N° 12434*02

CONTRAT DE PROFESSIONNALISATION

CERFA EJ 20

Contrat régi par les articles L. 6325-1 à L. 6325-24 du Code du travail

L'EMPLOYEUR

Nom et prénom ou dénomination : ______

Adresse de l'établissement d'exécution du contrat :
N° Voie
Complément :
Code postal |_|_|_|_|_| Commune :
Téléphone : |_|_|_|_|_|_|_|_|_|_| / Télécopie : |_|_|_|_|_|_|_|_|_|_|
Courriel : ______@______
Caisse de retraite complémentaire :
Organisme de prévoyance (le cas échéant) :

Particulier-employeur : ☐ oui ☐ non
N° URSSAF du particulier-employeur : |_|_|_|_|_|_|_|_|_|_|_|_|_|_|_|
N° SIRET de l'établissement d'exécution du contrat :
|_|_|_|_|_|_|_|_|_|_|_|_|_|_|
Code NAF : |_|_|_|_|_|
Effectif salarié de l'entreprise : |_|_|_|_|_|_|_|_|
Convention collective appliquée :
______
Code IDCC de la convention collective appliquée : |_|_|1|6|0|6|

LE SALARIÉ

Nom et prénom : ______

Adresse : N° Voie
Complément :
Code postal |_|_|_|_|_| Commune :
Téléphone : |_|_|_|_|_|_|_|_|_|_|
Courriel : ______@______

Date de naissance : |_|_|_|_|_|_|_|_| Sexe : ☐ M ☐ F
Déclare bénéficier de la reconnaissance travailleur handicapé : ☐ oui ☐ non
Inscrit à Pôle Emploi : ☐ oui ☐ non
Si oui, numéro d'inscription : |_|_|_|_|_|_|_|_| durée : |_|_|_| mois
Situation avant ce contrat : |_|_|
Type de minimum social, si bénéficiaire : |_|
Diplôme ou titre le plus élevé obtenu : |_|_|

LE TUTEUR

Tuteur au sein de l'établissement employeur
Nom et prénom : ______
Emploi occupé :
Date de naissance : |_|_| |_|_| |_|_|_|_|

Tuteur de l'entreprise utilisatrice, si travail temporaire ou GEC
Nom et prénom : ______
Emploi occupé :
Date de naissance : |_|_| |_|_| |_|_|_|_|

LE CONTRAT

Nature du contrat : ☐ CDI ☐ CDD ☐ travail temporaire
Type de contrat : |_|_|
Emploi occupé pendant le contrat (intitulé précis) :

Classification de l'emploi dans la convention collective :
Niveau : |_|_|_| Coefficient hiérarchique : |_|_|_|
Date de début du contrat ou date d'effet de l'avenant :
|_|_|_|_|_|_|_|_|
Date de fin du CDD ou de l'action de professionnalisation si CDI :
|_|_|_|_|_|_|_|_|
Durée de la période d'essai : |_|_|_| jours
Durée hebdomadaire du travail : |_|_| heures |_|_| minutes
Salaire brut à l'embauche : |_|_|_|_|,|_|_| € / mois (€ / heure pour un contrat de travail temporaire)

LA FORMATION

Organisme de formation principal : ______

Il s'agit d'un service de formation interne : ☐ oui ☐ non
☐ ***L'employeur atteste que le service de formation interne dispose des moyens nécessaires à la réalisation de la formation du salarié***

N° SIRET de l'organisme de formation principal :
|_|_|_|_|_|_|_|_|_|_|_|_|_|_|
N° de déclaration d'activité de cet organisme : |_|_|_|_|_|_|_|_|_|_|_|
Nombre d'organismes de formation intervenant : |_|

Type qualification visée : |_|_|
Diplôme ou titre visé : |_|_|
Intitulé précis :
______
Spécialité de formation : |_|_|_|
Durée totale des actions d'évaluation, d'accompagnement et des enseignements : |_|_|_|_| heures
Dont durée des enseignements généraux, professionnels et technologiques : |_|_|_|_| heures
Date de début du cycle de formation : |_|_|_|_|_|_|_|_|
Date prévue de fin des épreuves ou des examens : |_|_|_|_|_|_|_|_|

En application de l'article L.6325-3 du code du travail, l'employeur s'engage à assurer au titulaire du contrat une formation lui permettant d'acquérir une qualification professionnelle et à lui fournir un emploi en relation avec cet objectif pendant la durée du CDD ou de l'action de professionnalisation du CDI. Le titulaire du contrat s'engage à travailler pour le compte de son employeur et à suivre la formation prévue au contrat.

Fait le : |_|_|_|_|_|_|_|_| à

Signature de l'Employeur ***Signature du Salarié***

OPCA AUQUEL EST ADRESSÉ LE DOSSIER COMPLET

Nom de l'OPCA :
N° d'adhérent de l'employeur à l'OPCA s'il existe :

Pour remplir le contrat reportez-vous à la notice en suivant l'ordre des rubriques du contrat ou effectuez votre démarche en ligne sur le site du service public de l'alternance : www.alternance.emploi.gouv.fr

ANNEXE B - Extrait site internet IRRIJARDIN

(à rendre avec la copie)

irrijardin

SOCIÉTÉ IRRIJARDIN | RECRUTEMENT | FRANCHISE | DÉMARCHE RSE

Veiller sur nos collaborateurs | Partager en France | Partager à l'international | Améliorer la qualité | Respecter l'environnement

TITRE :

Salle de sport interne

Bien-être rime avec santé. Avec la création d'une salle de sport interne au siège social d'Irrijardin, nos collaborateurs ont la possibilité d'aller prendre soin de leur corps en dehors des heures de travail. Tapis de courses, vélos d'intérieur, haltères, appareils de musculation et bien d'autres machines permettent aux salariés de s'entretenir en autonomie. Pour tous ceux qui préfèrent pratiquer le sport en groupe, trois cours collectifs ont lieu par semaine. Au programme, il y en a pour tous les goûts avec de la boxe, du fitness, du Pilates et de la zumba !

Éléments d'actualisation :

https://groupe.irrijardin.fr/demarche-rse/veiller-sur-nos-collaborateurs.html

ANNEXE C - Budget formation

(à rendre avec la copie)

Budget des coûts de formation des vendeurs

Arrondir à 2 chiffres après la virgule.

	Année 2017	Année 2018	Écart (2018-2017)	
LIBELLÉ	**TOTAL HT**	**TOTAL HT**	**En valeur (€)**	**En %**
Frais de location (salle et matériels)	4 750,00 €			
Formateur	30 000,00 €			
Supports de formation (documentation…)	6 000,00 €			
Frais divers	420,00 €			
Transport, restauration, hébergement	6 710,00 €			
TOTAL HT	**47 880,00 €**			

5

ÉPREUVE E2 – Gestion administrative des relations avec le personnel

Antilles
Juin 2019

SITUATIONS PROFESSIONNELLES DU BAC PRO GA MISES EN ŒUVRE :

2.1.1 Tenue et suivi des dossiers des salariés

Compétence visée : Actualiser des dossiers de personnel dans le respect de la législation du travail

2.1.2 Gestion administrative des temps de travail

Compétence visée : Décompter et planifier le temps de travail

2.1.4 Transmission d'informations à destination du personnel

Compétence visée : Apprécier la nature et le degré de confidentialité de l'information à destination du personnel

2.2.3 Suivi administratif des carrières

Compétence visée : Appliquer à chaque cas traité les règles spécifiques de suivi de carrière

2.2.4 Préparation et suivi de la formation du personnel

Compétence visée : Assurer des opérations administratives liées à la formation du personnel

2.3.1 Préparation des bulletins de salaire

Compétence visée : Renseigner et contrôler la vraisemblance des états préparatoires aux bulletins de salaire

2.4.3 Participation à la mise en œuvre de procédures relevant de la santé et la sécurité

Compétence visée : Produire des supports associés aux procédures santé – sécurité

Entreprise FRAIKIN

BARÈME INDICATIF

Dossier	Pages	Barème
PRÉSENTATION DE L'ENTREPRISE	115	
Dossier 1 – Organisation d'un tutorat • 1.1. Organiser la mise en place du tutorat et justifier vos choix • 1.2. Sélectionner et justifier les formations pour Monsieur MASSALI • 1.3. Proposer une action RH autre que le tutorat et la formation pour améliorer les performances de Monsieur MASSALI	117	**/20**
Dossier 2 – Gestion de la mutuelle collective obligatoire • 2.1. Proposer un document synthétique justifiant le choix d'ADREA mutuelle à partir des garanties offertes • 2.2. Compléter le formulaire de souscription à ADREA mutuelle • 2.3. Rédiger les réponses aux questions de Loïc LOPES	118	**/20**
Dossier 3 – Suivi des congés payés et absences • 3.1. Compléter le planning prévisionnel des congés payés du service carrosserie • 3.2. Contrôler l'exactitude des données et préparer les éléments de réponse	119	**/20**
Dossier 4 – Transmission d'informations sur les accidents du travail • 4.1. Compléter le tableau des indicateurs d'accidentologie du rapport annuel 2018 • 4.2. Déterminer 3 consignes pour éviter ce type d'accident	120	**/15**
Présentation, soin, orthographe et syntaxe		**/05**
TOTAL		**/80**
TOTAL		**/20**

Documents fournis	**Document 1 –** Extrait de l'état récapitulatif des évaluations annuelles 2018 **Document 2 –** Grille d'évaluation annuelle de Victorien MASSALI **Document 3 –** Agenda partagé de la direction FRAIKIN – semaine du 25 mars 2019 **Document 4 –** Plan de formation 2019 **Document 5 –** Extrait du site Service Public Particuliers – Vos droits **Document 6 –** Devis du contrat de mutuelle collective 2019 **Document 7 –** Transfert du courriel de Loïc LOPES **Document 8 –** Note organisation des congés payés 2019 **Document 9 –** Demandes de congés payés 2019 **Document 10 –** Extrait du site Vosdroits.service-public.fr **Document 11 –** Transfert du courriel de Yohann LE TALLEC **Document 12 –** Avis de versement des indemnités maladie – Yohann LE TALLEC **Document 13 –** Évolution des accidents de travail en 2018
Documents à compléter	**Annexe A -** Formulaire de souscription à ADREA Mutuelle **Annexe B -** Planning prévisionnel des congés payés – août 2019 **Annexe C -** Tableau des indicateurs d'accidentologie – Rapport Annuel 2018 **Annexe D -** Fiche d'analyse des risques professionnels

FICHE D'IDENTITÉ DE L'ENTREPRISE

N° d'établissement (NIC) : **00546**
SIRET : **343862652 00546**
Code NAF : **7712Z – Location et location-bail de camions**
Raison Sociale : **FRAIKIN**
Nature de l'établissement : **Établissement secondaire**
Directeur d'agence : **Monsieur Paul GRÉGOIRE**
Statut Juridique : **Société par Actions Simplifiés (SAS)**
Au capital de 50 839 173 €
Adresse : **ZI Petites Haies – 7 rue Jean Lemoine**
94000 CRÉTEIL
Téléphone : **01 48 99 22 30**
Site internet : **www.fraikin.fr**
Courriel Direction : **pgregoire@fraikin.fr**
Courriel Ressources Humaines : **aazemi@fraikin.fr**
Effectif : **44**
Tranche d'âge - Moyenne d'âge : **De 23 à 52 ans – 41 ans**
Convention collective : **Transports routiers et activités auxiliaires du transport**
Durée hebdomadaire : **38 heures**
Horaires d'ouverture : **Du lundi au vendredi de 7 h 30 à 18 h 30**
Horaires adjoints et salariés : **Du lundi au jeudi de 8 h 30 à 12 h 00 et de 13 h 00 à 17 h 00**
(hors direction) **Le vendredi de 8 h 30 à 12 h 00 et de 13 h 00 à 16 h 30**

FRAIKIN, société créée en 1988, est dirigée par Maxime PIOLET.

Son siège social est implanté en Île-de-France, à Colombes. Son effectif d'environ 2 000 salariés est réparti sur le territoire national, dans 180 agences, dont 15 en région parisienne.

La mission du groupe FRAIKIN est d'offrir aux entreprises et aux collectivités, quelles que soient leur taille et leur activité, les solutions les plus pertinentes de gestion de flottes de véhicules utilitaires et industriels.

Avec un parc de plus de 58 000 véhicules, FRAIKIN propose une large gamme de véhicules industriels et utilitaires multimarques allant de la fourgonnette, à l'ensemble 44 tonnes.

Le groupe FRAIKIN propose 3 catégories de service :
- la location ;
- la gestion de flotte : opérations d'entretien, gestion des réparations et de la maintenance ;
- divers services : financement, assurance, maintenance, entretiens préventifs et curatifs, gestion administrative opérationnelle, juridique et technique.

Le siège social est chargé de la gestion stratégique et opérationnelle de toutes les agences. Il gère la paie et centralise les opérations de suivi des salariés, notamment le recrutement, le suivi des absences et des congés payés. Chaque agence dispose d'un service relais des ressources humaines (relais RH ou RRH) qui fait le lien entre la gestion de l'agence et celle du groupe.

FRAIKIN reste soucieux d'accompagner au mieux son personnel dans la gestion de carrière, de prévenir des risques professionnels et de veiller à la santé au travail.

Vous occupez le poste de gestionnaire administratif du personnel, dans l'agence FRAIKIN de Créteil (94).

Nous sommes le vendredi 22 mars 2019.

Organigramme

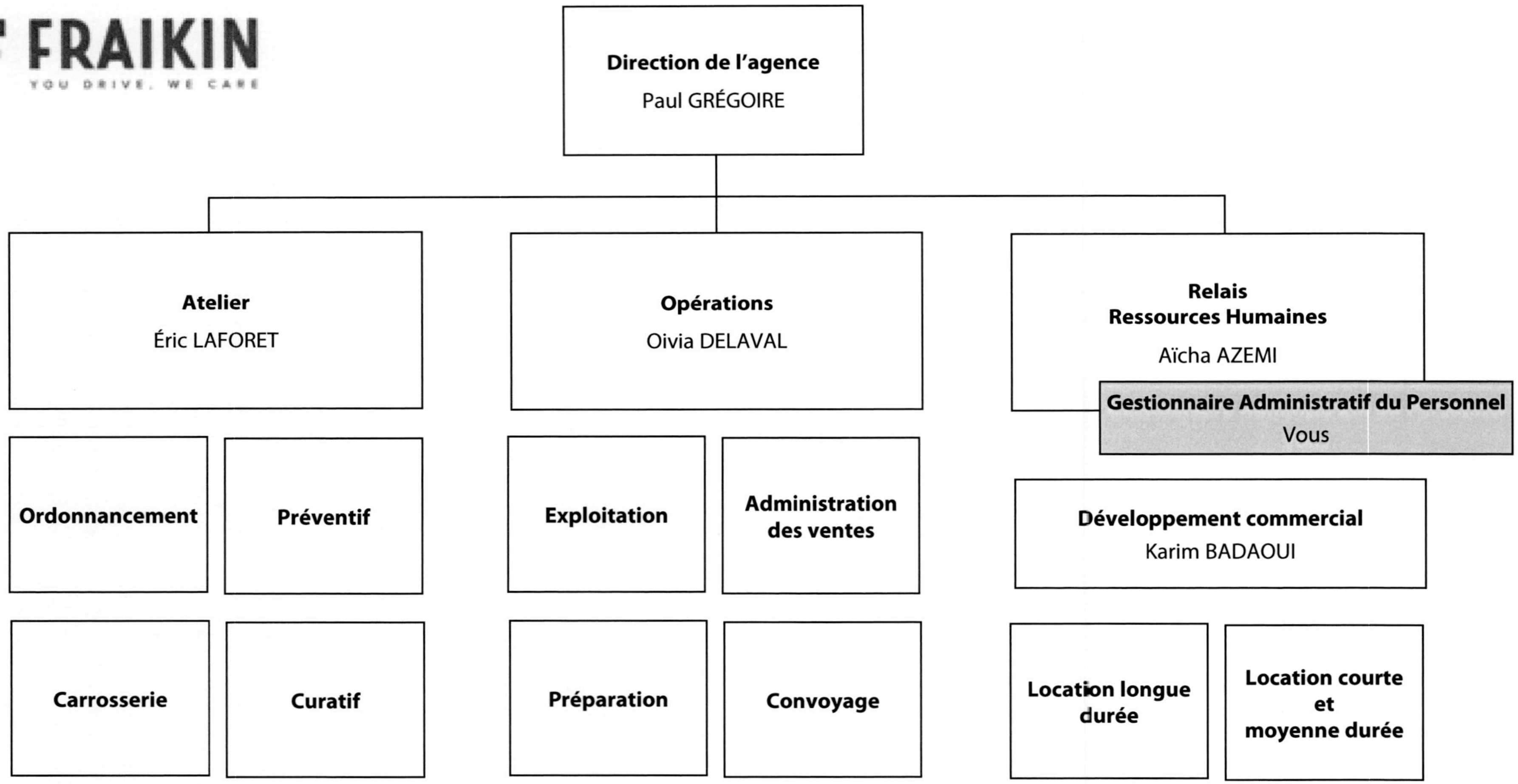

DOSSIER 1 - Organisation d'un tutorat

Le groupe FRAIKIN est très attaché au suivi des carrières de ses collaborateurs et tient une politique d'évaluation rigoureuse de ses salariés.

Un entretien annuel de chaque salarié a lieu au mois de mars dans chaque agence du groupe. Chaque entretien individuel aboutit à l'élaboration d'une grille d'évaluation des compétences et des attitudes professionnelles de chaque salarié.

Aujourd'hui, à la suite de l'évaluation annuelle du collaborateur Victorien MASSALI, Monsieur GRÉGOIRE souhaite mettre en place un programme de tutorat et de formation pour soutenir et accompagner ce salarié en difficulté.

Vous êtes chargé d'organiser ce tutorat. Monsieur GRÉGOIRE vous demande de choisir un tuteur « performant », de déterminer les axes d'accompagnement, de fixer un entretien de 45 minutes dans la semaine du 25 mars 2019, avec la présence de Madame DELAVAL, du salarié et de son tuteur et de définir les grandes lignes du contenu de l'entretien.

1.1. Organiser la mise en place du tutorat et justifier vos choix. (Composition sur la copie)

Monsieur GRÉGOIRE souhaite compléter ce tutorat par un plan de formation, à l'attention de Monsieur MASSALI, dans la limite d'un budget de 1 800 € HT et de 3 jours de formation au maximum.

1.2. Sélectionner et justifier les formations pour Monsieur MASSALI. (Composition sur la copie)

1.3. Proposer une action RH autre que le tutorat et la formation pour améliorer les performances de Monsieur MASSALI. (Composition sur la copie)

Ressources à disposition :

- Extrait de l'état récapitulatif des évaluations annuelles 2018 **(Document 1)**
- Grille d'évaluation annuelle de Victorien MASSALI **(Document 2)**
- Agenda partagé de la direction FRAIKIN – semaine du 25 mars 2019 **(Document 3)**
- Plan de formation 2019 **(Document 4)**

DOSSIER 2 - Gestion de la mutuelle collective obligatoire

Dans le cadre de la mise en place de la mutuelle entreprise obligatoire destinée à l'ensemble du personnel, le groupe FRAIKIN cherche à adhérer à une mutuelle collective. L'agence de Créteil a reçu très favorablement un devis proposé par ADREA mutuelle. Avant souscription définitive, Aïcha AZEMI souhaite vérifier que le panier de soins respecte la réglementation.

2.1. Proposer un document synthétique justifiant le choix d'ADREA mutuelle à partir des garanties offertes. (Composition sur la copie)

L'agence de Créteil a finalement décidé d'adhérer à ADREA mutuelle.

2.2. Compléter le formulaire de souscription à ADREA mutuelle. (Annexe A à rendre avec la copie)

Les mutuelles d'entreprise obligatoires couvrent non seulement les salariés, mais aussi leur famille. Ce système obligatoire de couverture de santé entraîne des interrogations chez de nombreux salariés. Madame AZEMI vous transmet la demande de Loïc LOPES, récemment embauché.

2.3. Rédiger les réponses aux questions de Loïc LOPES. (Composition sur la copie)

Ressources à disposition :

- Extrait du site Service Public Particuliers – Vos droits **(Document 5)**
- Devis du contrat de mutuelle collective 2019 **(Document 6)**
- Transfert du courriel de Loïc LOPES **(Document 7)**

DOSSIER 3 - Suivi des congés payés et absences

Les congés payés de la période estivale doivent impérativement être saisis avant la date butoir réglementaire du 31 mars.

Lorsqu'un salarié souhaite prendre ses congés payés, il formule ses vœux sur un imprimé prévisionnel. Chaque demande est étudiée en prenant en compte les contraintes de service. Après avoir validé les demandes, Madame AZEMI se charge de les saisir, dans l'application « SmartRH ».

Le calcul des congés payés s'effectue en jours ouvrés. Chaque salarié bénéficie de 25 jours de congés payés par an et de 6 jours de RTT par an.

Compte tenu de son agenda très chargé, Madame AZEMI vous charge de traiter les dernières demandes de congés déposées par les mécaniciens du service Carrosserie. Sur le planning prévisionnel, elle souhaite voir apparaître l'acceptation ou non de chaque demande, la justification des cas de non-validation et, si nécessaire, la proposition alternative.

3.1. Compléter le planning prévisionnel des congés payés du service carrosserie. (Annexe B à rendre avec la copie)

Par ailleurs, Madame AZEMI vient de réceptionner un courriel de Yohann LE TALLEC demandant un complément d'informations relatif à son arrêt maladie, du lundi 4 au vendredi 15 mars 2019. Ce dernier s'interroge sur les indemnités perçues.

3.2. Contrôler l'exactitude des données et préparer les éléments de réponse à cette demande. (Composition sur la copie)

Ressources à disposition :

- Note organisation des congés payés 2019 **(Document 8)**
- Demandes de congés payés 2019 **(Document 9)**
- Extrait du site Vosdroits.service-public.fr **(Document 10)**
- Transfert du courriel de Yohann LE TALLEC **(Document 11)**
- Avis de versement des indemnités maladie – Yohann LE TALLEC **(Document 12)**

DOSSIER 4 - Transmission d'informations sur les accidents de travail

Le rapport annuel « santé et sécurité au travail » 2018 doit être présenté à la prochaine assemblée générale du groupe FRAIKIN.

L'agence de Créteil a pour mission de présenter les indicateurs d'accidentologie pour le quart nord-est de la France, comprenant l'Île-de-France, le Nord et l'Alsace Lorraine.

4.1. Compléter le tableau des indicateurs d'accidentologie qui apparaîtra dans le rapport annuel 2018. (Annexe C à rendre avec la copie)

Le groupe FRAIKIN a mis en place une base de données collaborative d'accidents du travail. Chaque agence peut consulter et ajouter des fiches d'analyse de risques professionnels.

Les objectifs sont multiples :

- identifier les accidents de travail par métier ;
- permettre aux agences d'anticiper et éviter des accidents de travail potentiels ;
- déterminer et mettre en application des consignes de travail pour chaque métier et chaque service.

Après chaque accident de travail, le processus accidentel est reconstitué. Les agences utilisent une méthode d'analyse schématisée, appelée « arbre des causes ». Cet outil permet d'identifier les mesures de prévention associées à chaque type d'accident et d'enrichir ainsi la base de données collaborative du groupe.

4.2. Déterminer 3 consignes pour éviter que ce type d'accident ne se reproduise. (Annexe D à rendre avec la copie)

Ressources à disposition :

✎ Évolution des accidents de travail en 2018 **(Document 13)**

DOCUMENT 1 - Extrait de l'état récapitulatif des évaluations annuelles 2018

Fraikin

ÉVALUATIONS ANNUELLES 2018

Nom	Prénom	Emploi	Date début contrat	Contrat	% temps travail	Salaire mensuel	Salaire annuel 2018	Évaluation 2018	Évaluation 2017	Évolution de la performance
MASSALI	Victorien	Adjoint aux opérations	01/01/2015	CDI	100	2 332 €	30 311 €	Performance insatisfaisante	Performance à améliorer	***Performance insatisfaisante***
VERNIER	Pascal	Adjoint aux opérations	01/09/2008	CDI	100	2 400 €	31 200 €	Très bonne performance	Bonne performance	***Performance en progression***
LAFORET	Éric	Chef d'atelier	01/12/2011	CDI	100	2 550 €	33 150 €	Très bonne performance	Performance à améliorer	***Performance en progression***
FERREIRA	Bruno	Adjoint atelier	18/09/2017	CDI	100	2 000 €	26 000 €	Non évaluable (moins de 6 mois)	-	***Comparaison impossible***
LEFAURE	David	Adjoint aux opérations	01/07/2011	CDI	100	2 443 €	31 756 €	Bonne performance	Bonne performance	***Performance de même niveau***
EQUEZ	Emmanuel	Adjoint aux opérations	28/11/2016	CDI	100	2 200 €	28 600 €	Très bonne performance	Non évaluable (moins de 6 mois)	***Comparaison impossible***
DELAVAL	Olivia	Responsable des opérations	01/01/1998	CDI	100	3 064 €	39 831 €	Bonne performance	Très bonne performance	***Performance en baisse***

DOCUMENT 2 - Grille d'évaluation annuelle de Victorien MASSALI

Fraikin

Revue annuelle de performance

Compétences – Performance - Objectifs

Exercice	2018	**Date** de l'entretien	**04/03/2019**		
			Nom	*Prénom*	*Matricule*
Région	Ile-de-France	**Évalué**	MASSALI	Victorien	5754731
Agence	Créteil	Évaluateur	DELAVAL	Olivia	5874527
Intitulé du poste		**ADJOINT AUX OPÉRATIONS**			

COMPÉTENCES		**Fonction réelle**		**Évaluation**	**Commentaires**
		réalisée	non-réalisée	niveau de **1** à **6**	
MÉTIERS	Assurer la réception des véhicules	x		2	*Diagnostics partiels des interventions*
	Assurer la relation avec le client	x		2	*Difficultés à gérer l'agressivité de certains clients*
	Organiser les dépannages et le convoyage	x		3	
	Garantir la qualité de service	x		5	
	Collaborer à la gestion du parc	x		4	
	Optimiser la gestion des sinistres	x		1	*Diagnostics partiels des interventions*

COMPORTEMENTALES	**1. Esprit d'équipe / Aptitudes relationnelles / Respect** Capacité à travailler en équipe, à établir des relations de travail, à créer une dynamique, respect des autres, des valeurs et du travail dans l'intérêt de la société	6	
	2. Engagement / Intégrité / Ethique / Assiduité Intégrité dans le travail, valeurs conformes à celles du Groupe, respect des horaires…	4	*Nombreux retards résultant de l'éloignement de son lieu d'habitation*
	3. Communication / Transmission de l'information Capacité à transmettre tout type d'information et d'accompagner ses équipes et/ou collègues dans ladite transmission	5	
	4. Adaptation au changement Capacité à s'adapter, d'accepter les critiques constructives, les changements de toute nature	5	
	5. Culture Clients (internes/externes) Ensemble des aptitudes permettant une bonne écoute du client, l'anticipation des besoins du client et le développement de nouvelles affaires du fait du service de qualité à apporter au client	5	
	6. Organisation / Rangement du matériel	6	

OUTILS/LOGICIELS	**Word**	4	
	Excel	1	*Aucune base*
	Powerpoint	4	
	Logiciels métiers	5	
	Base de données	5	

Observation de l'évaluateur :

Mise en place d'un tutorat et besoin de formation

DOCUMENT 3 - Agenda partagé de la direction FRAIKIN – semaine du 25 mars 2019

Lundi 25/03	Mardi 26/03	Mercredi 27/03	Jeudi 28/03	Vendredi 29/03
Réunion de Direction (Paul GREGOIRE) 08:30 - 12:00	RDV extérieur (Eric LAFORET) 10:00 - 15:00	Déplacement Paris (Paul GREGOIRE) 07:30 - 17:30	Absence Eric LAFORET 07:30 - 18:30	Absence Eric LAFORET 07:30 - 18:30
Visioconférence Directeurs Groupe (Paul GREGOIRE) 14:00 - 15:00	RDV extérieur (Paul GREGOIRE) 10:00 - 15:00	Séminaire développement commercial (Karim BADAOUI) 09:00 - 19:00	Séminaire convoyage (Olivia DELAVAL) 09:00 - 19:00	Bilan de compétences Mme JARED (Paul GREGOIRE) 09:00 - 11:00
Entretien d'évaluation M. Kleber (Paul GREGOIRE) 16:00 - 17:00	Entretien d'évaluation M. KARIS (Eric LAFORET) 16:00 - 17:00			
	Entretien d'évaluation M. JEAN (Eric LAFORET) 17:00 - 18:00			

DOCUMENT 4 - Plan de formation 2019

Fraikin

Plan de formation 2019

BUREAUTIQUE		
S'initier à la bureautique	2 jours	730,00 € HT
L'essentiel de Word, Excel et PowerPoint 2013/2016	3 jours	1 125,00 € HT
Spécial Assistant(e)s : maîtriser Word, Excel et PowerPoint 2013/2016	3 jours	1 150,00 € HT
Les essentiels pour maîtriser à son rythme Excel	1 jour	395,00 € HT
Excel 2013/2016 – Consolider les bases	1 jour	440,00 € HT
Excel 2013/2016 – Calculs et fonctionnalités avancées	2 jours	765,00 € HT
Excel 2013/2016 – PowerPivot et Power Query	2 jours	895,00 € HT
Word – Rapports, comptes rendus, mémoires	2 jours	810,00 € HT

DÉVELOPPEMENT PERSONNEL		
L'estime de soi, source de l'efficacité professionnelle	3 jours + activité à distance	1 865,00 € HT
S'affirmer dans ses relations professionnelles	2 jours + activité à distance	1 335,00 € HT
Débloquer des situations vécues	2 jours + activité à distance	1 335,00 € HT
Spécial Cadres : gérer son stress efficacement et pour longtemps	3 jours + activité à distance	1 800,00 € HT

RELATION CLIENTS		
Créer un climat de confiance avec ses clients	3 jours	1 845,00 € HT
Être orienté client : une stratégie gagnante	2 jours	1 245,00 € HT
3 heures chrono pour traiter une réclamation par e-mail	3 jours + activité à distance	295,00 € HT
Faire face à l'agressivité et aux incivilités clients	2 jours	1 325,00 € HT

SUPPLY CHAIN - LOGISTIQUE – TRANSPORT		
Organiser ses stocks au quotidien	2 jours	1 295,00 € HT
Le Lean appliqué à la logistique	2 jours	1 350,00 € HT
Les fondamentaux du transport	2 jours	1 395,00 € HT
Connaître la réglementation et maîtriser le transport	3 jours	1 695,00 € HT

DOCUMENT 5 - Extrait du site Service Public Particuliers - Vos droits

Mutuelle santé d'entreprise

Source : Service Public - juin 2018 - Direction de l'information légale et administrative

Tout employeur du secteur privé, entreprise et association, a l'obligation de proposer une couverture complémentaire santé collective à ses salariés (sauf ceux qui en ont déjà une), en complément des garanties de base d'assurance maladie de la Sécurité sociale. [...]

Obligations de l'employeur

L'employeur doit faire bénéficier **tous ses salariés qui ne disposent pas déjà d'une couverture complémentaire**, quelle que soit leur ancienneté dans l'entreprise, d'un régime de remboursement complémentaire des frais de santé.

L'entreprise choisit librement l'assureur, auprès de qui elle négocie le contrat d'assurance. [...]

La couverture des ayants droit (enfants ou conjoint) du salarié n'est pas obligatoire, mais l'employeur (ou les partenaires sociaux) peut décider de les couvrir aussi.

La couverture collective obligatoire doit remplir les conditions suivantes :

- la participation financière de l'employeur doit être au moins égale à 50 % de la cotisation (le reste à la charge du salarié) ;
- le contrat doit respecter un socle de garanties minimales (panier de soins minimum) ;
- le contrat est obligatoire pour les salariés, sauf dans les cas où le salarié peut refuser la mutuelle.

[...]

Panier de soins minimal

Le panier de soins minimal doit proposer les garanties suivantes :

- l'intégralité du ticket modérateur sur les consultations, actes et prestations remboursables par l'assurance maladie ;
- la totalité du forfait journalier hospitalier (20 € par jour en hôpital ou clinique / 15 € par jour au service psychiatrique d'un établissement de santé) ;
- les frais dentaires (prothèses et orthodontie) à hauteur de 125 % du tarif conventionnel ;
- les frais d'optique forfaitaire par période de 2 ans (annuellement pour les enfants ou en cas d'évolution de la vue) avec un minimum de prise en charge de 100 € pour des verres simples et la monture / 150 € pour des verres complexes et la monture).

Peut-on refuser la mutuelle ou la prévoyance de son entreprise ?

Vous pouvez refuser d'adhérer au dispositif de complémentaire santé (mutuelle) ou de prévoyance complémentaire obligatoire de votre employeur uniquement dans certains cas. [...]

Vous avez déjà une mutuelle en tant qu'ayant droit (couverture collective)

Vous pouvez demander à être dispensé d'adhérer au régime de frais de santé mis en place dans votre entreprise si vous êtes déjà couvert, en qualité d'époux(se) ou pacsé(e), par l'un des dispositifs suivants :

- autre régime frais de santé collectif obligatoire (mutuelle familiale obligatoire pour laquelle l'adhésion des membres de la famille, époux(se), pacsé(e), enfants est obligatoire au même titre que celle du salarié) ;
- mutuelle des agents de l'État ou des collectivités territoriales.

La dispense est à votre initiative. Elle doit être faite au moment de l'embauche ou au moment de la mise en place de la couverture collective. [...] Vous devrez toujours formuler votre demande par écrit et fournir les pièces justificatives nécessaires à la dispense.

DOCUMENT 6 - Devis du contrat de mutuelle collective 2019

ADREA Mutuelle

FRAIKIN
ZI Petites Haies
7 rue Jean Lemoine
94000 CRÉTEIL

Devis : E010077323FRAI

Devis n° E010077323FRAI

Conformément à l'article L.22L-5 du Code de la Mutualité, nous vous informons des modifications décidées par l'Assemblée Générale du 21 juin 2017 et par le Conseil d'Administration du 10 octobre 2017.

COTISATIONS

Vos cotisations 2019 TTC :

FRAIKIN

Équilibre Pro renfort obligatoire ER1R

- Assuré principal 3,64 € (tarif mensuel)
- Conjoint à charge 3,64 € (tarif mensuel)
- Enfant à charge 1,48 € (tarif mensuel)

Équilibre Pro garantie santé E222R

- Assuré principal 48,84 € (tarif mensuel)
- Conjoint à charge 48,84 € (tarif mensuel)
- Enfant à charge 36,60 € (tarif mensuel)

Groupe AÉSIO – Mutualité Française

ADRÉA Mutuelle - Soumise aux dispositions du livre II du Code de la Mutualité
Immatriculation sous le n° 311799878 - Siège social : 25 place de la Madeleine
75008 PARIS
Version 2019 - Page 1

ADREA Mutuelle

Annexe au règlement des garanties Équilibre Pro garantie santé E222R

Soins	Remboursement total	Remarques
	HOSPITALISATION	
Frais de séjour	200 % B.R.	Pour les établissements non conventionnés, dans la limite du tarif d'autorité de la Sécurité sociale.
Praticiens n'ayant pas adhéré à un D.P.T.M. Honoraires : actes de chirurgie, anesthésie, obstétrique, et autres actes pratiqués en hospitalisation	180 % B.R.	
Autres praticiens Honoraires : actes de chirurgie, anesthésie, obstétrique, et autres actes pratiqués en hospitalisation	200 % B.R.	
Participation assuré	F.R.	Pour les actes techniques médicaux supérieurs à 120 €
Forfait journalier hospitalier	F.R.	
Chambre particulière avec nuitée	70 € / jour	Hors ambulatoire. Dans la limite des tarifs signés par convention.
Chambre particulière en chirurgie ambulatoire (sans nuitée) avec actes de chirurgie et d'anesthésie	20 € / jour	Hors box d'hospitalisation (structure ouverte pouvant être individualisée)
Frais d'accompagnant	40 € / jour	Hors ambulatoire. Nuitées, repas, pour un accompagnant sur présentation de factures dédiées à la restauration ou à l'hébergement. Frais maisons de parents pour enfant hospitalisé. Versés sous condition que l'hospitalisé soit inscrit au contrat. Durée limitée à 60 jours par année civile sauf en Chirurgie et Maternité illimitée.
Transports prescrits remboursés par le R.O.	100 % B.R.	
	SOINS MÉDICAUX COURANTS	
Praticiens n'ayant pas adhéré à un D.P.T.M. Consultations, visites des médecins généralistes et spécialistes	180 % B.R.	
Autres praticiens Consultations, visites des médecins généralistes et spécialistes Sages-femmes	200 % B.R.	
Praticiens n'ayant pas adhéré à un D.P.T.M. Actes techniques médicaux, actes de chirurgie et d'anesthésie pratiqués au cabinet du médecin	180 % B.R.	
Autres praticiens Actes techniques médicaux, actes de chirurgie et d'anesthésie pratiqués au cabinet du médecin	200 % B.R.	
Praticiens n'ayant pas adhéré à un D.P.T.M. Actes d'imagerie (radiographie, scanner, IRM…) - Échographie ou doppler	180 % B.R.	
Autres praticiens Actes d'imagerie (radiographie, scanner, IRM…) - Échographie ou doppler	200 % B.R.	
Actes d'imagerie non remboursés par le R.O.	70 % B.R.	Limité à 100 € par année civile.
Participation assuré	F.R.	Pour les actes techniques médicaux supérieurs à 120 €
Examens de biologie médicale	200 % B.R	
Auxiliaires médicaux : infirmiers, kinésithérapeutes, orthophonistes, orthoptistes, pédicures-podologues	120 % B.R	
Cures thermales remboursées par le R.O. : soins, transport, hébergement	100 % B.R.	
	PHARMACIE	
Pharmacie à 65 %	100 % B.R.	
Pharmacie à 30 %	100 % B.R.	
Pharmacie à 15 %	100 % B.R.	

GROUPE AÉSIO — MUTUALITÉ FRANÇAISE

ADRÉA Mutuelle - Soumise aux dispositions du livre II du Code de la Mutualité
Immatriculation sous le n° 311799878 - Siège social : 25 place de la Madeleine
75008 PARIS
Version 2019 - Page 2

ADREA Mutuelle

DOCUMENT 6 - Devis du contrat de mutuelle collective 2019 (fin)

Soins	Remboursement total	Remarques
OPTIQUE		
Limité à : - 1 monture et 2 verres sur 2 ans (de date à date) pour les adultes (plus de 18 ans : âge apprécié à la date des soins) - 1 monture et 2 verres sur 1 an (de date à date) pour les enfants (moins de 18 ans : âge apprécié à la date des soins)		
Monture adulte	60 % B.R. + 110 €	Forfait par monture. À partir de 18 ans (âge apprécié à la date des soins)
Verres simples (uni-focaux faible et moyenne correction) adulte	60 % B.R. + 65 €	À partir de 18 ans (âge apprécié à la date des soins). Verres uni-focaux faible et moyenne correction : codes LP P : 2203240, 2287916, 2259966, 2226412.
Verres complexes (uni-focaux forte correction et progressifs hors hypercomplexe) adulte	60 % B.R. + 130 €	Forfait par verre. À partir de 18 ans (âge apprécié à la date des soins). Codes LPP : 2282793, 2280660, 2263459, 2265330, 2235776, 2295896, 2284527, 2254868, 2212976, 2252668, 2288519, 2299523. Verres progressifs hors hypercomplexes : codes LPP : 2290396, 2291183, 2227038, 2299180.
Verres hypercomplexes (progressifs forte correction) adulte	60 % B.R. + 130 €	Forfait par verre. À partir de 18 ans (âge apprécié à la date des soins). Verres progressifs forte correction : codes LPP : 2245384, 2295198, 2202239, 2252042.
Monture enfant	60 % B.R. + 80 €	Forfait par monture. Moins de 18 ans (âge apprécié à la date des soins).
Verres simples (uni-focaux faible et moyenne correction) enfant	60 % B.R. + 55 €	Forfait par verre. Moins de 18 ans (âge apprécié à la date des soins). Verres uni-focaux faible et moyenne correction : Codes LPP : 2261874, 2242457, 2200393, 2270413.
Verres complexes (uni-focaux forte correction et progressifs) enfant	60 % B.R. + 85 €	Forfait par verre. Moins de 18 ans (âge apprécié à la date des soins). Verres uni-focaux forte correction : Codes LPP : 2243540, 2297441, 2243304, 2291088, 2273854, 2248320, 2283953, 2219381, 2238941, 2268385, 2245036, 2206800. Verres progressifs : Codes LPP : 2259245, 2264045, 2238792, 2202452, 2240671, 2282221, 2234239, 2259660.
Autres prestations sur verres remboursées par le R.O. : prismes et filtres	100 % B.R.	
Lentilles prescrites remboursées par le R.O.	100 % B.R. + 140 €	Forfait par année civile valant pour ces deux rubriques.
Lentilles prescrites non remboursées par le R.O. et produits d'entretien	140 €	
Traitement correctif de la vision soins, radiographies	400 €	Forfait par année civile, par œil.
DENTAIRES Seuls les actes répertoriés à la CCM peuvent faire l'objet d'un remboursement de la mutuelle.		
Consultations, soins, radiographies	200 % B.R.	
Inlays, onlays	200 % B.R.	
Prothèses dentaires sur dents visibles : incisives, canines et prémolaires Prothèses amovibles résine ou châssis métallique Bridges et prothèses sur implant	380 % B.R.	
Prothèses dentaires sur dents non visibles : molaires	300 % B.R.	
Orthodontie remboursée par le R.O.	300 % B.R.	
Soins, prothèses, orthodontie, parodontologie non remboursés par le R.O.	200 €	Forfait par année civile.
Implantologie	200 €	Forfait par année civile.
PROTHÈSE, ACOUSTIQUE, APPAREILLAGE		
Appareillage, orthopédie	250 % B.R.	
Prothèses auditives	100 % B.R. + 400 €	Achat, entretien et réparation. Forfait par année civile, par oreille.
Prothèses capillaires (suite traitement de chimiothérapie), implants mammaires (suite mastectomie, cancer du sein)	250 % B.R.	
NAISSANCE		
Prime de naissance ou d'adoption	200 €	Versée une fois par enfant, sur présentation de l'acte de naissance.

B.R. : Base de Remboursement (tarif officiel Assurance Maladie) F.R. : Frais Réels R.O. : Régime Obligatoire

D.P.T.M. : Dispositif de Pratique Tarifaire Maîtrisée

AÉSIO MUTUALITÉ FRANÇAISE

ADRÉA Mutuelle - Soumise aux dispositions du livre II du Code de la Mutualité
Immatriculation sous le n° 311799878 - Siège social : 25 place de la Madeleine
75008 PARIS
Version 2019 - Page 3

ADREA mutuelle

DOCUMENT 7 - Transfert du courriel de Loïc LOPES

De :	Aïcha AZEMI < aazemi@fraikin.fr >
À :	VOUS@fraikin.fr
OBJET :	TR : Mutuelle collective

Bonjour,

Vous trouverez ci-dessous les interrogations de Monsieur LOPES concernant la mutuelle collective.

Merci de bien vouloir préparer les éléments de réponse.

Cordialement,

Aïcha AZEMI
Relais Ressources Humaines
Site FRAIKIN Créteil
01 48 99 22 33 - 01 48 99 22 30
http://www.fraikin.fr/

FRAIKIN
YOU DRIVE, WE CARE

---------- Forwarded message ---------

De : Loïc LOPES < llopes@fraikin.fr >
À : aazemi@fraikin.fr
OBJET : Mutuelle collective

Bonjour,

J'ai des interrogations concernant la mutuelle collective mise en place.

J'ai été embauché au service convoyage, le 1er février 2019. Je pense pouvoir encore bénéficier de la couverture mutuelle de ma femme, avec nos deux enfants.

Puis-je refuser la mutuelle collective proposée par FRAIKIN ?

Si oui, pouvez-vous me transmettre la procédure à suivre ?

Si j'adhère à la mutuelle collective ADREA, quel serait le montant mensuel total de cotisation pour toute ma famille et celui restant à ma charge ?

Je vous remercie pour vos réponses.

Cordialement,

Loïc LOPES

DOCUMENT 8 - Note organisation des congés payés 2019

Fraikin

Date : 1er février 2019

Émetteur : Maxime PIOLET

Destinataires : Tous les managers

Copie pour information : Directoire, Directeurs de Zones, RRH

Objet : Congés payés 2019

Rappel des points essentiels

- En l'absence de fermeture pour les congés payés, l'employeur doit organiser, conformément à la réglementation, la prise de 20 jours ouvrés de congés principaux (4 semaines maximum) en une ou plusieurs fois au cours de la période comprise entre le 1er mai et le 31 octobre de chaque année.
- Les salariés sont d'abord consultés individuellement. L'employeur doit alors arbitrer entre les dates demandées en fonction de l'organisation de l'activité. Il confirme par la suite à chaque salarié les dates de congés qu'il a acceptées.
- Le calcul réel des jours de fractionnement n'aura lieu qu'en novembre 2019, dans la mesure où la totalité des 4 semaines n'aurait pas été prise sur la période d'été, sous réserve que – dans le process paie – ces informations aient été renseignées au plus tard en octobre 2019 sur SmartRH.
- La décision finale des dates de départ d'un salarié appartient à son responsable hiérarchique.
- Nous vous demandons de faire preuve de vigilance et de veiller à ce que soit toujours présent soit le Responsable d'Établissement, le Chef d'Atelier ou le Responsable des Opérations afin que la continuité de service soit rigoureusement respectée.

Pour chaque atelier, la présence continue d'un chef de service et de 2 salariés est exigée.

- Les Attachés Commerciaux et Ingénieurs Commerciaux doivent impérativement prendre leurs congés en août, période de faible activité de prospection.
- Le traitement des demandes tient compte de la date de dépôt.

Il est IMPÉRATIF que chaque Direction de Zone respecte et fasse respecter ces consignes au nom de l'équité de tous.

Il est rappelé que l'employeur peut imposer la prise de 20 jours de congés payés sur la période comprise entre le 1er mai et le 31 octobre. Nous vous remercions cependant de faire preuve de pédagogie afin de ne pas détériorer le climat social.

La Direction des Ressources Humaines reste à votre disposition pour tout renseignement complémentaire.

Maxime PIOLET
Directeur Général Adjoint
Ressources Humaines Groupe

DOCUMENT 9 - Demandes de congés payés 2019

Fraikin

PRÉVISIONS CONGÉS PAYÉS 2019

Matricule	Service	Nom et prénom
5754737	*Carrosserie*	*FERREIRA Bruno*

PÉRIODE DU 1er MAI AU 31 OCTOBRE 2019

Je soussigné (Prénom NOM) *Bruno FERREIRA* (Fonction) *Mécanicien*
demande à bénéficier de congés : Du *01/08/2019 au 30/08/2019* (INCLUS) soit *21 jours*

Date : 08/03/2019 Signature : ***Ferreira***

Fraikin

PRÉVISIONS CONGÉS PAYÉS 2019

Matricule	Service	Nom et prénom
5754278	*Carrosserie*	*BABILLE Benoît*

PÉRIODE DU 1er MAI AU 31 OCTOBRE 2019

Je soussigné (Prénom NOM) *Benoît BABILLE* (Fonction) *Mécanicien*
demande à bénéficier de congés : Du *01/08/2019 au 14/08/2019* (INCLUS) soit *10 jours*

Date : 12/03/2019 Signature : ***Babille***

Fraikin

PRÉVISIONS CONGÉS PAYÉS 2019

Matricule	Service	Nom et prénom
5884903	*Carrosserie*	*COHEN Dan*

PÉRIODE DU 1er MAI AU 31 OCTOBRE 2019

Je soussigné (Prénom NOM) *Dan COHEN* (Fonction) *Mécanicien*
demande à bénéficier de congés : Du *12/08/2019 au 23/08/2019* (INCLUS) soit *9 jours*

Date : 21/03/2019 Signature : ***Cohen***

Fraikin

PRÉVISIONS CONGÉS PAYÉS 2019

Matricule	Service	Nom et prénom
5754687	*Carrosserie*	*ZINO Jules*

PÉRIODE DU 1er MAI AU 31 OCTOBRE 2019

Je soussigné (Prénom NOM) *Jules ZINO* (Fonction) *Mécanicien*
demande à bénéficier de congés : Du *05/08/2019 au 23/08/2019* (INCLUS) soit *14 jours*

Date : 20/03/2019 Signature : ***Zino***

Fraikin

PRÉVISIONS CONGÉS PAYÉS 2019

Matricule	Service	Nom et prénom
5874529	*Carrosserie*	*PARMENT Ludovic*

PÉRIODE DU 1er MAI AU 31 OCTOBRE 2019

Je soussigné (Prénom NOM) *Ludovic PARMENT* (Fonction) *Mécanicien*
demande à bénéficier de congés : Du *29/07/2019 au 09/08/2019* (INCLUS) soit *10 jours*

Date : 19/03/2019 Signature : ***Parment***

Fraikin

PRÉVISIONS CONGÉS PAYÉS 2019

Matricule	Service	Nom et prénom
5754829	*Carrosserie*	*LE TALLEC Yohann*

PÉRIODE DU 1er MAI AU 31 OCTOBRE 2019

Je soussigné (Prénom NOM) *Yohann LE TALLEC* (Fonction) *Mécanicien*
demande à bénéficier de congés : Du *12/08/2019 au 30/08/2019* (INCLUS) soit *14 jours*

Date : 14/03/2019 Signature : ***Le Tallec***

DOCUMENT 10 - Extrait du site Vosdroits.service-public.fr

Arrêt maladie : indemnités journalières versées par la Sécurité sociale

Vérifié le 25 juin 2018 - Direction de l'information légale et administrative (Premier ministre)
http://vosdroits.service-public.fr/particuliers/F3053.xhtml

Si vous êtes en arrêt de travail pour maladie, vous pouvez percevoir des indemnités journalières (IJ) versées par votre caisse primaire d'assurance maladie (CPAM). Ces IJ sont versées sous conditions de cotisations. Leur montant varie en fonction de votre salaire. Vous pouvez aussi percevoir des indemnités versées par votre employeur. Sauf dispositions conventionnelles plus favorables, elles sont versées sous conditions, pour une durée limitée et un montant qui varie selon la durée de l'arrêt.

Bénéficiaires

Arrêt de travail pendant 6 mois maximum

Pour être indemnisé durant les 6 premiers mois de votre arrêt, vous devez justifier, au jour de l'interruption de travail, des conditions suivantes :

- avoir travaillé au moins 150 heures au cours des 3 mois civils ou des 90 jours précédant l'arrêt ;
- ou avoir cotisé, au cours des 6 mois civils précédant l'arrêt, sur la base d'une rémunération au moins égale à 1 015 fois le montant du SMIC horaire fixé au début de cette période.

[…]

Montant

Mode de calcul

Les IJ sont égales à 50 % du salaire journalier de base.
Si vous êtes mensualisé, le salaire journalier de base est égal au total des 3 derniers salaires bruts perçus avant l'arrêt de travail, divisé par 91,25.

Montant maximum

Montant brut maximum pouvant être versé au salarié		
Enfants à charge	Période de versement des IJ	Montant brut maximum par jour
1 ou 2	À partir du 4e jour d'arrêt, jusqu'au 360e jour d'indemnisation ou jusqu'à la fin des 3 ans d'indemnisation en cas d'affections de longue durée.	**44,34 €**
3 ou plus	Du 4e au 30e jour d'arrêt	**44,34 €**
	À partir du 31e jour d'arrêt jusqu'au 360e jour d'indemnisation (ou jusqu'à 3 ans d'indemnisation pour une affection de longue durée).	**59,12 €**

[…]

Versement

Délai de carence

Les IJ sont versées après un délai de carence de 3 jours.
Par exemple, en cas d'arrêt à partir du 1er juillet, les IJ sont versées à partir du 4 juillet.
Le délai de carence s'applique à chaque arrêt de travail, sauf dans les cas suivants :

- reprise d'activité entre 2 arrêts de travail n'ayant pas dépassé 48 heures ;
- arrêts de travail successifs dus à une affection de longue durée (ALD).

Jours indemnisés

Les IJ sont dues pour chaque jour calendaire d'interruption de travail.

Périodicité du versement

La CPAM verse les IJ tous les 14 jours. Elle vous adresse en même temps un relevé, que vous pouvez également télécharger.

La CPAM verse au maximum 360 IJ par période de 3 ans consécutifs (quel que soit le nombre de maladies), sans tenir compte des indemnités versées au titre d'une ALD. […]

DOCUMENT 11 - Transfert du courriel de Yohann LE TALLEC

De :	Aïcha AZEMI < aazemi@fraikin.fr >
À :	VOUS@fraikin.fr
OBJET :	TR : Arrêt Maladie

Bonjour,

Je vous transfère le message ci-dessous.

Merci de bien vouloir vérifier l'avis de versement des indemnités maladie de la Caisse primaire d'assurance maladie de Monsieur LE TALLEC.

Précisez-moi le détail des calculs de son salaire journalier et des retenues.

Je me chargerai de lui répondre.

Cordialement,

Aïcha AZEMI
Relais Ressources Humaines
Site FRAIKIN Créteil
01 48 99 22 33 - 01 48 99 22 30
http://www.fraikin.fr/

FRAIKIN
YOU DRIVE, WE CARE

---------- Forwarded message ---------

De : Yohann LE TALLEC < yletallec@fraikin.fr >
À : aazemi@fraikin.fr
OBJET : Arrêt Maladie
Pièce jointe : Remboursement maladie

Bonjour Madame AZEMI,

Je viens de recevoir le remboursement de la Sécurité sociale, suite à mon arrêt maladie du 4 au 15 mars 2019 (voir pièce jointe).

Je ne comprends pas pourquoi le montant de cette indemnité est si peu élevé pour 12 jours d'arrêt. Y a-t-il eu une erreur dans les calculs ?

Merci d'avance pour votre réponse.

Cordialement,

Yohann LE TALLEC

DOCUMENT 12 - Avis de versement des indemnités maladie - Yohann LE TALLEC

l'Assurance Maladie

Yohann LE TALLEC
6 rue Pierre et Marie Curie
94000 CRÉTEIL

Créteil, le 21/03/2019

Nature des prestations	Date	Quantité	Prix unitaire	Montant remboursé	Total
Matricule : 1 76 09 01 328 104 24 – Yohann LE TALLEC					
CARENCE	du 04/03 au 06/03	3			
IJ NORMALE	du 07/03 au 15/03	9	28,77	258,93	
RETENUE CRDS			0,5%	- 1,29	
RETENUE CSG			6,2%	- 16,05	241,59

Total nature d'assurance AS **241,49 EUR**

Lot numéro 002
Au compte EU 30258 00084 300563589 84

ameli.fr

DOCUMENT 13 - Évolution des accidents de travail en 2018

Zone Ile De France - région NORD/EST : Évolution par secteurs

ATAA : Accident de Travail Avec Arrêt

ATSA : Accident de Travail Sans Arrêt

>> Nombre d'ATAA et ATSA par secteur en 2018

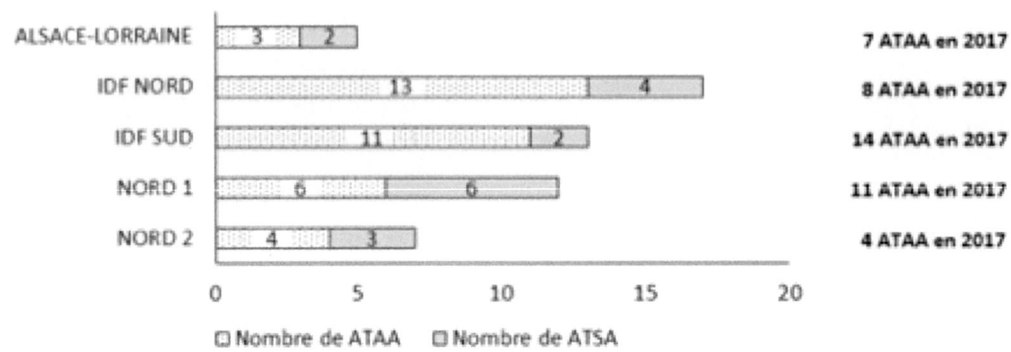

>> Durée des ATAA en 2018

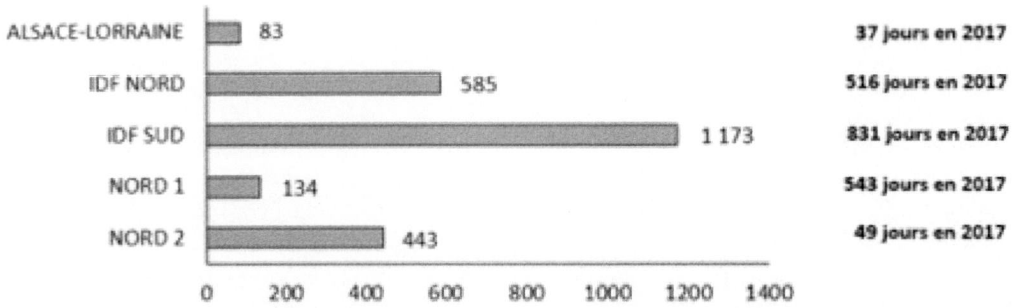

ANNEXE A - Formulaire de souscription à ADREA Mutuelle

(à rendre avec la copie)

ADREA mutuelle — Premier Mois Offert

BULLETIN D'ADHÉSION AU RÈGLEMENT DES GARANTIES COLLECTIVES ÉQUILIBRES PRO RÉGIME RÉGLEMENTAIRE OBLIGATOIRE

Souscripteur	
Raison sociale:	Code NAF:
Adresse:	
Code postal:	Ville:
Tél.:	E-mail:
N° SIRET:	Forme juridique:

Représenté par		
☐ Mme ☐ M.	Nom:	Prénom:
En qualité de:		
Tél.:		E-mail:

Bénéficiaires de l'adhésion

Conformément à l'accord collectif, au référendum ou à la décision unilatérale de l'employeur, les bénéficiaires sont:

- ☐ l'ensemble du personnel salarié du souscripteur;
- ☐ des salariés affiliés AGIRC;
- ☐ des salariés non affiliés AGIRC.

Garanties souscrites	
Affiliations obligatoires	
Catégorie de personnel:	☐ Ensemble du personnel ☐ Personnel partiel
Effectif couvert:	
Moyenne d'âge de la catégorie:	
Code garantie santé:	
Code renfort obligatoire:	
Cotisation mensuelle de la garantie santé obligatoire	…… € / mois / salarié
Cotisation mensuelle du renfort obligatoire	…… € / mois / salarié
Adhésions facultatives	
Cotisation mensuelle de la garantie santé	…… € / mois / salarié + …… € / mois / enfant
Cotisation mensuelle du renfort	…… € / mois / salarié + …… € / mois / enfant

Les cotisations comprennent la taxe sur les conventions d'assurances (TCA) et la taxe de solidarité additionnelle de la CMU (TSA). À titre indicatif, les taux de ces taxes s'élèvent respectivement à 7 % et 6,27 % depuis le 1er octobre 2011.
(1) Le tableau des garanties et des prestations, ainsi que la notice d'information relative à la garantie Assistance assurée par IMA, sont annexés au règlement des garanties collectives santé d'ADREA Mutuelle. Ce règlement définit le contenu des engagements contractuels existant entre le souscripteur, chaque membre participant (bénéficiaire) et la mutuelle.
(2) Le montant des cotisations est fixé par l'assemblée générale d'ADREA Mutuelle conformément à ses statuts.

ADRÉA Mutuelle - Soumise aux dispositions du livre II du Code de la Mutualité
Immatriculation sous le n° 311799878 - Siège social: 25 place de la Madeleine 75008 PARIS
Version 2019

ANNEXE B - Planning prévisionnel des congés payés – Service carrosserie – août 2019

(à rendre avec la copie)

Dates		GIRARD Chef d'équipe	POLLY Chef d'équipe	BABILLE Mécanicien	COHEN Mécanicien	FERREIRA Mécanicien	LE TALLEC Mécanicien	PARMENT Mécanicien	ZINO Mécanicien
L	29								
M	30								
M	31								
J	1								
V	2								
S	3								
D	4								
L	5	×							
M	6	×							
M	7	×							
J	8	×							
V	9	×							
S	10	×							
D	11	×							
L	12	×							
M	13	×							
M	14	×							
J	15								
V	16	×							
S	17								
D	18								
L	19		×						
M	20		×						
M	21		×						
J	22		×						
V	23		×						
S	24								
D	25								
L	26		×						
M	27		×						
M	28		×						
J	29		×						
V	30		×						
S	31								
Dépôt		21/03	12/03						
Observations		Accepté	Accepté						

ANNEXE C - Tableau des indicateurs d'accidentologie – Rapport Annuel 2018

(à rendre avec la copie)

Zone IDF – Région NORD-EST : Indicateurs annuels d'accidentologie

	2017	2018	Évolution en nombre	Évolution en pourcentage *(Arrondie à l'unité)*
ATAA total	44			
Répartition :				
ATAA en IDF	22			
ATAA en région NORD/EST	22			
Durée des ATAA en IDF *(en jours)*	1 347			
Durée des ATAA en région NORD/EST *(en jours)*	629			

Analyse :

ANNEXE D - Fiche d'analyse des risques professionnels

(à rendre avec la copie)

Fraikin

Date :	**05/03/19**	**Zone :**	**IDF NORD**
Lieu de l'AT :	**ATELIER CRÉTEIL U012**	**Catégorie emploi :**	**Préparateur**

Description de l'accident

En voulant faire glisser un fût de 200 L de liquide lave-glace sur le sol de l'atelier (car le fût gênait le passage), le collaborateur s'est fait mal au dos.

CONSIGNES DE TRAVAIL

Arbre des causes

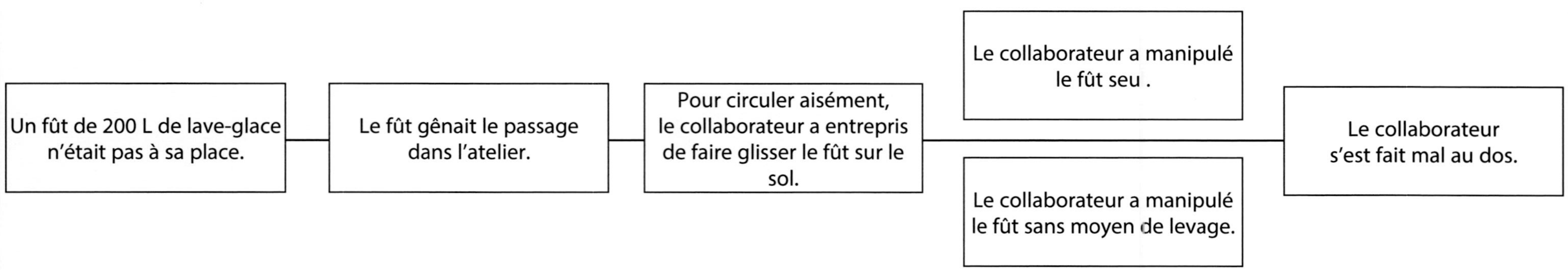

ÉPREUVE E2 – Gestion administrative des relations avec le personnel

SITUATIONS PROFESSIONNELLES DU BAC PRO GA MISES EN ŒUVRE :

2.1.1 Tenue et suivi des dossiers des salariés
Compétence visée : Actualiser des dossiers de personnel dans le respect de la législation du travail

2.2.4 Préparation et suivi de la formation du personnel
Compétence visée : Assurer des opérations administratives liées à la formation du personnel

2.3.1 Préparation des bulletins de salaire
Compétence visée : Renseigner et contrôler la vraisemblance des états préparatoires aux bulletins de salaire

2.4.4 Participation à la mise en place d'activités sociales et culturelles
Compétence visée : Mettre en œuvre des actions à destination du personnel

Entreprise BAT SM

BARÈME INDICATIF

Dossier	Pages	Barème
PRÉSENTATION DE L'ENTREPRISE	141	
Dossier 1 – Suivi administratif d'un licenciement • 1.1. Rédiger des éléments d'un courrier de licenciement • 1.2. Vérifier une attestation à destination de Pôle Emploi • 1.3. Assurer la traçabilité d'un suivi administratif	143	**/15**
Dossier 2 – Formation du personnel • 2.1. Renseigner un bulletin d'inscription • 2.2. Calculer le montant d'un versement • 2.3. Identifier la raison d'un refus de financement • 2.4. Suggérer des améliorations dans le suivi administratif	144	**/20**
Dossier 3 – Gestion des bulletins de salaire • 3.1. Contrôler les éléments d'un bulletin de salaire • 3.2. Proposer des améliorations dans le traitement administratif	145	**/20**
Dossier 4 – Organisation des 20 ans de l'entreprise • 4.1. Préparer les éléments d'un discours • 4.2. Évaluer le coût d'un événement à destination du personnel • 4.3. Évaluer l'intérêt d'un événement et proposer des modalités d'évaluation	146	**/20**
Présentation, soin, orthographe et syntaxe		**/05**
TOTAL		**/80**
TOTAL		**/20**

Documents fournis	**Document 1 –** Procédure de licenciement pour « inaptitude non professionnelle » **Document 2 –** Extrait du dossier de Pierre ALLAUX **Document 3 –** Extrait du contrat de travail à durée indéterminée **Document 4 –** Informations complémentaires sur les périodes « emploi » **Document 5 –** Extrait « Attestation employeur Pôle Emploi » **Document 6 –** Devis ATIBAT **Document 7 –** Extrait des conditions de la prise en charge de financement **Document 8 –** Facture TRÉCAN CONSEIL **Document 9 –** Feuille d'émargement formation TRÉCAN **Document 10 –** Refus de prise en charge formation TRÉCAN **Document 11 –** Relevé mensuel individuel **Document 12 –** Extrait « Lettre d'information » CAPEB **Document 13 –** Données géographiques **Document 14 –** Bulletin de salaire de Claude DOISNEAU **Document 15 –** Mémo réglementaire **Document 16 –** Courriel du Château de Rayne Vigneau **Document 17 –** Menu dîner « La cuillère à pot » **Document 18 –** Itinéraires Mappy **Document 19 –** Tarifs base nautique de Bommes **Document 20 –** Devis minibus
Documents à compléter	**Annexe A -** Bulletin d'inscription ATIBAT

PRÉSENTATION DE L'ENTREPRISE

BAT SM, un savoir-faire inégalé !

QUALIBAT
3101 - 3111
3181 - 3151
Certifiée 1552

BAT SM
COUVERTURE
ZINGUERIE
DESAMIANTAGE

148, rue Hortense - 33100 Bordeaux
SARL au capital de 30 000 € - SIRET 388 077 349 00065
NAF 4391B - N° Intracommunautaire : FR 35 388 077 349
Tél. : 05 56 86 29 99 – Fax : 05 56 86 53 59
http://www.bat-sm.com - Contact@bat-sm.com
Convention collective : Bâtiment (Ouvriers – NA – Effectif 10)
Caisse de retraite complémentaire : ARRCO : PRO BTP – 7 rue du Regard 75294 PARIS CEDEX 06

BAT SM, spécialisée dans la rénovation de bâtiments, intervient plus particulièrement dans le désamiantage, la couverture, l'isolation, la zinguerie, la pose de panneaux solaires et de fenêtres de toit. Sa clientèle est constituée de particuliers, d'architectes, de collectivités, d'industriels et de professionnels.

Le savoir-faire et le sérieux font de BAT SM une entreprise reconnue en Gironde (33). Les années d'expérience ont été récompensées par l'obtention de plusieurs labels QUALIBAT.

Ces labels permettent aux entreprises exerçant dans le domaine de la construction, de valoriser leurs compétences techniques et professionnelles, leur gestion de la qualité et l'importance de leurs moyens financiers et humains auprès de leurs partenaires (clients, fournisseurs, banquiers…). Ils attestent du respect des normes de construction en vigueur et du respect d'un cahier des charges très strict dans le domaine du désamiantage.

Depuis quelques années, l'entreprise est confrontée à des difficultés de stabilité des équipes. Les salariés souhaitent évoluer et avoir une reconnaissance de leurs compétences. Des dispositifs de formation ont été mis en place avec des organismes certifiés permettant aux salariés d'obtenir une attestation de compétences.

Louis CASSUALY, le gérant, veut améliorer la politique des ressources humaines pour fidéliser son personnel. Il souhaite renforcer le sentiment d'appartenance des salariés à la société.

Organigramme de la Société BAT SM au 1er juin 2018

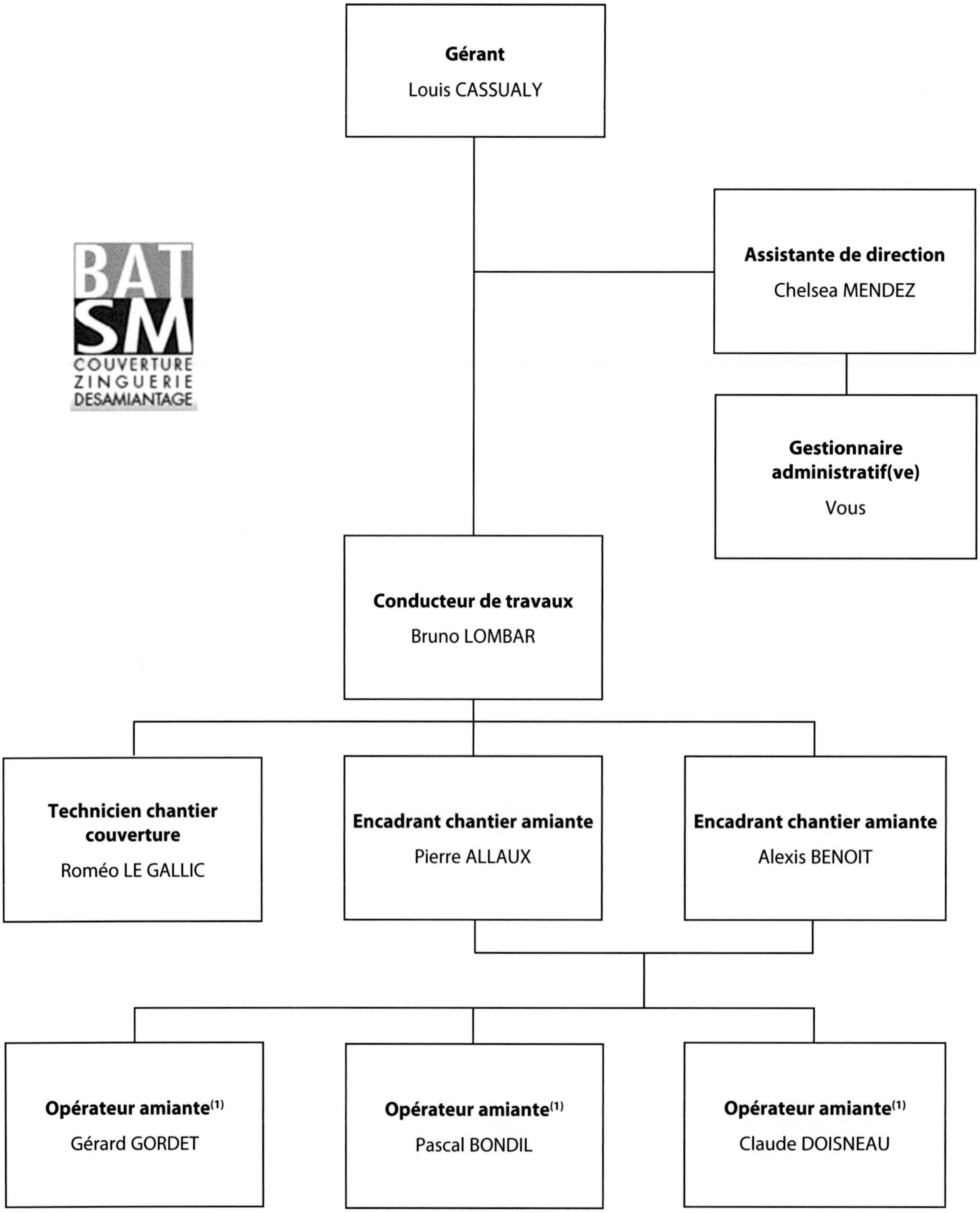

(1) L'opérateur amiante intervient en cas de besoin, ponctuellement sur les chantiers de couverture zinguerie ou autres chantiers qui ne seraient pas des travaux de désamiantage, en tant qu'aide couvreur. La taille modeste de l'entreprise et la double activité couverture/zinguerie et désamiantage impose la polyvalence de l'opérateur.

La durée hebdomadaire de travail est fixée à 35 heures à raison de 7 heures par jour. Les salaires sont payés le dernier jour du mois.

Vous êtes gestionnaire administratif et vous travaillez sous la responsabilité de Madame Chelsea MENDEZ, assistante de direction.

DOSSIER 1 - Suivi administratif d'un licenciement

Monsieur Pierre ALLAUX est en arrêt maladie depuis plus de 6 mois. Son état de santé ne lui permet plus de tenir son poste en lien avec l'amiante. Aucun reclassement n'est possible au sein de l'entreprise. Il a été reçu en entretien.

Madame Chelsea MENDEZ vous demande de préparer la procédure de licenciement de Monsieur ALLAUX pour « inaptitude non professionnelle », dans le respect de la réglementation.

1.1. Proposer les éléments du courrier signifiant le licenciement. (Composition sur la copie)

1.2. Vérifier l'attestation employeur destinée à Pôle Emploi et relever les anomalies éventuelles. (Composition sur la copie)

Le licenciement individuel ne constitue pas une tâche administrative fréquente pour l'entreprise. Madame Chelsea MENDEZ veut conserver une trace de cette situation pour s'en resservir le cas échéant.

1.3. Proposer un écrit synthétique sur les étapes de la procédure d'un licenciement individuel pour inaptitude non professionnelle. (Composition sur la copie)

Ressources à disposition :

- Procédure de licenciement pour « inaptitude non professionnelle » **(Document 1)**
- Extrait du dossier de Pierre ALLAUX **(Document 2)**
- Extrait du contrat de travail à durée indéterminée **(Document 3)**
- Informations complémentaires sur les périodes « emploi » **(Document 4)**
- Extrait « Attestation employeur Pôle Emploi » **(Document 5)**

DOSSIER 2 - Formation du personnel

BAT SM a un certain nombre d'obligations en matière de formation de ses salariés notamment concernant les risques liés à l'amiante.

Elle verse une contribution, en fonction de sa masse salariale, à un organisme collecteur agrée Constructys OPCA. Cet organisme auquel elle adhère, contribue au financement des dispositifs de formation des entreprises. En contrepartie et, selon certaines conditions, BAT SM peut soumettre une demande de financement auprès de Constructys OPCA pour obtenir le remboursement des dépenses liées à la formation de ses salariés.

Monsieur Alexis BENOIT doit bénéficier d'une formation dite de « 1er recyclage » aux opérations de retrait d'amiante avant d'aller sur un chantier.

2.1. Renseigner le bulletin d'inscription destiné à l'organisme de formation ATIBAT. (Annexe A à rendre avec la copie)

2.2. Calculer le montant du virement attendu de Constructys pour le financement du stage d'Alexis BENOIT. (Composition sur la copie)

Le recours à la formation continue est profondément lié à l'évolution des réglementations et des métiers. Messieurs Bruno LOMBAR et Gérard GORDET ont récemment suivi une formation sécurité conforme au chapitre 1.3 de l'ADR (Accord Européen pour le Transport des Marchandises Dangereuses par Route).

L'instruction de ce dossier a été faite selon le plan de formation souhaité, la facture du centre de formation a été reçue et la demande de financement auprès de Constructys OPCA a été réalisée.

Madame Chelsea MENDEZ a appris récemment que la formation n'a pas été prise en charge par Constructys et souhaite avoir des explications.

2.3. Identifier la raison du refus de prise en charge de l'action de formation 1.3 ADR du 13 juin dernier par l'organisme CONSTRUCTYS OPCA de la Construction. (Composition sur la copie)

Ce type de refus est dommageable et il convient de réfléchir à un meilleur suivi du processus administratif pour éviter que cela ne se reproduise.

2.4. Suggérer des améliorations dans le suivi de la prise en charge administrative des formations. (Composition sur la copie)

Ressources à disposition :

- Devis ATIBAT **(Document 6)**
- Extrait des conditions de la prise en charge de financement **(Document 7)**
- Facture TRÉCAN CONSEIL **(Document 8)**
- Feuille d'émargement formation TRÉCAN **(Document 9)**
- Refus de prise en charge formation TRÉCAN **(Document 10)**

DOSSIER 3 - Gestion des bulletins de salaire

Les salaires sont préparés la dernière semaine du mois et payables le dernier jour. Un premier travail de report est effectué pour chaque salarié sous forme d'un tableau récapitulatif de relevé mensuel. Ce fichier, réalisé sur tableur, est transmis au cabinet comptable ESTRANT chargé d'établir les bulletins de salaire, conformément à la réglementation BTP. Ces bulletins sont ensuite retournés à Madame MENDEZ qui les contrôle et procède aux virements bancaires.

La fréquence des erreurs questionne l'efficacité du document transmis au cabinet comptable. Pour identifier les manques éventuels du document, Madame MENDEZ vous confie le contrôle entre les éléments de paie figurant sur le relevé individuel et les variables saisies pour l'édition du bulletin de salaire de Monsieur Claude DOISNEAU.

3.1. Contrôler les variables de paie du bulletin de salaire de Monsieur DOISNEAU et informer Madame MENDEZ des erreurs éventuelles et des corrections à apporter. (Composition sur la copie)

3.2. Proposer des améliorations à apporter au document relevé mensuel individuel. (Composition sur la copie)

Ressources à disposition :

- Relevé mensuel individuel **(Document 11)**
- Extrait de la « Lettre d'information » CAPEB **(Document 12)**
- Données géographiques **(Document 13)**
- Bulletin de salaire de Claude DOISNEAU **(Document 14)**
- Mémo réglementaire **(Document 15)**

DOSSIER 4 - Organisation des 20 ans de l'entreprise

Monsieur Louis CASSUALY souhaite fêter les 20 ans de l'entreprise avec l'ensemble des 9 salariés. Cet événement aura lieu le 1er septembre 2018 car aucun salarié n'est en congé durant cette période.

Madame Chelsea MENDEZ vous associe à la préparation de cette journée particulière et vous communique les informations à sa disposition.

La visite du château Rayne Vigneau et le pique-nique qui suivra dans le parc sont organisés par les propriétaires du lieu. À 14 h 15, une descente en Kayak, avec départ de Bommes et arrivée à Antonion, prolongera ce moment festif jusqu'au dîner prévu à 19 h 30 au restaurant « La cuillère à pot » situé à Origne. Le retour à l'entreprise est prévu vers 23 heures.

Le programme détaillé et les horaires de la journée seront communiqués au moment du café d'accueil, à l'occasion d'un court discours de Monsieur CASSUALY. La raison de l'événement sera rappelée et les salariés seront ensuite invités à rejoindre le minibus pour un départ à 9 heures.

Madame Chelsea MENDEZ souhaite s'assurer que le budget consacré à cet événement sera inférieur à 1 700 € TTC.

4.1. Préparer les éléments du discours pour introduire la journée et son déroulement. (Composition sur la copie)

4.2. Évaluer le budget de cette journée. (Composition sur la copie)

4.3. Montrer l'intérêt d'évaluer cet événement et proposer des modalités d'évaluation. (Composition sur la copie)

Ressources à disposition :

- Courriel du Château de Rayne Vigneau **(Document 16)**
- Menu dîner « La cuillère à pot » **(Document 17)**
- Itinéraires Mappy **(Document 18)**
- Tarifs base nautique de Bommes **(Document 19)**
- Devis minibus **(Document 20)**

DOCUMENT 1 - Procédure de licenciement pour « inaptitude non professionnelle »

Un salarié déclaré inapte par le médecin du travail peut être licencié par son employeur. Une procédure précise doit cependant être respectée.

L'EXAMEN MÉDICAL CONSTATE L'INAPTITUDE

C'est le médecin du travail qui constate l'inaptitude d'un salarié à son poste de travail. Pour cela, deux examens médicaux espacés de 15 jours sont indispensables. Ce n'est qu'au terme du second examen qu'est prononcée définitivement l'inaptitude du salarié. Le médecin formule alors des mesures de reclassement. Dans le cas où, selon le médecin du travail, il existe un danger immédiat pour la santé du salarié, **un seul entretien peut être nécessaire**.

Une étude du poste de travail est indispensable pour prononcer l'inaptitude d'un salarié. Elle peut être réalisée avant ou entre les deux visites médicales en collaboration avec l'employeur.

LE RECLASSEMENT IMPOSSIBLE

Pour licencier un salarié pour inaptitude, qu'il soit en CDI ou non, **ce dernier doit avoir été inapte à tout poste de l'entreprise**. Même si l'employeur doit proposer un autre emploi adapté aux capacités du salarié (même si cela implique un déménagement que peut refuser le salarié), il peut se retrouver dans l'incapacité de le reclasser. Dans ce cas, le licenciement devient possible. Si cette inaptitude fait suite à un accident du travail ou une maladie professionnelle, l'employeur doit consulter les délégués du personnel sur les propositions de reclassement avant d'annoncer l'impossibilité de reclassement.

LA PROCÉDURE DE LICENCIEMENT POUR INAPTITUDE

La procédure de licenciement pour inaptitude **s'apparente à celle du licenciement pour motif personnel**. Une convocation à l'entretien préalable doit être envoyée par lettre recommandée avec accusé de réception. La date de l'entretien doit se situer avant la fin du mois qui suit la seconde visite médicale.

La lettre de licenciement, qui doit mentionner l'inaptitude et l'impossibilité de reclassement, est envoyée après cet entretien dans un délai de deux jours.

LES INDEMNITÉS DE LICENCIEMENT

Le montant des indemnités de licenciement varie selon la situation.

Si l'incapacité fait suite à un accident ou une maladie non professionnels, il a le droit à l'indemnité compensatrice de congés payés ainsi qu'à l'indemnité légale de licenciement.

Si l'incapacité découle d'un accident du travail ou d'une maladie professionnelle, le salarié a le droit à l'indemnité compensatrice de congés payés, à une indemnité spéciale de licenciement équivalente au double de l'indemnité légale et à l'indemnité compensatrice de préavis.

PRÉAVIS ET ALLOCATIONS-CHÔMAGE

Un salarié qui est concerné par cette procédure de licenciement pour inaptitude est dispensé de préavis de licenciement, puisqu'il n'est pas en mesure de le réaliser.

Si l'inaptitude est d'origine non-professionnelle, la date de rupture du contrat de travail pour Pôle emploi correspond à celle de la notification du licenciement par l'employeur. Il peut donc directement être pris en charge par Pôle emploi et recevoir ses éventuelles allocations-chômage. Dans le cas où l'origine de l'inaptitude est professionnelle, il devra attendre puisque son préavis est déjà indemnisé par l'employeur.

Source : http://www.journaldunet.com/management/pratique/licenciement

DOCUMENT 2 - Extrait du dossier de Pierre ALLAUX

1° - Exposé des faits

Monsieur ALLAUX Pierre a été embauché en tant qu'encadrant chantier amiante à compter de mai 2017 au sein de notre entreprise.

Il est en arrêt maladie depuis le 7 novembre 2017.

La fiche d'entreprise réalisée par la médecine du travail concernant le salarié est à jour en date du 7 mars 2018.

Le 22 mai 2018, Monsieur CASSUALY a rencontré le médecin du travail de L'AHI afin de réaliser une étude de poste et des conditions de travail.

Le 4 juin 2018, Monsieur ALLAUX Pierre a passé sa deuxième visite médicale de reprise et le médecin de L'AHI33 a mentionné : « **Inapte. L'état de santé du salarié fait obstacle à tout reclassement dans un emploi dans l'entreprise** ».

Le 8 juin 2018, l'entreprise a demandé plus de précisions au médecin du travail sur les postes dans lequel un reclassement est envisageable, afin de trouver un reclassement : « **Inaptitude physique de Monsieur ALLAUX Pierre à reprendre son emploi actuel : exposition à l'amiante** ».

2° - Les recherches de reclassement interne et externe

Un reclassement au sein de notre entreprise n'est donc pas envisageable et ce conformément aux indications du médecin du travail.

De plus, nous ne disposons d'aucun poste vacant au sein de notre structure.

Le 11 juin 2018, nous avons contacté nos fournisseurs, partenaires et concurrents afin de procéder à une recherche de reclassement externe, à savoir : CBS 87, Extramiante, Dispano, Point P, Asturienne.

3° - Le licenciement

Le 12 juin 2018, envoi d'une convocation à entretien préalable le 15 juin 2018 par lettre recommandée avec accusé de réception et lettre simple à Monsieur ALLAUX Pierre « **en vue de son licenciement pour inaptitude, non professionnelle, et impossibilité de reclassement** ».

D:/salarie/licenciement/inaptitude/ALLAUX/suivi-dossier_ALLAUX-Pierre_11-06-2018.docx

DOCUMENT 3 - Extrait du contrat de travail à durée indéterminée

ENTRE :

La SARL BAT SM, ci-après dénommée « La Société » ou « l'Employeur »,

Société à responsabilité limitée (SARL) au capital de 30 000 € dont le siège social est situé à Bordeaux (33100), 148 rue Hortense inscrite au registre du commerce et des sociétés de bordeaux, sous le numéro 388 077 349, immatriculée à L'URSSAF de la Gironde sous le numéro 330000000247374218, représentée au présent contrat par Monsieur Louis Cassualy agissant en sa qualité de gérant,

D'une part,

ET :

Monsieur **PIERRE ALLAUX** ci-après dénommé sous son nom ou celui de « **le SALARIÉ** », né le 30 mai 1975 à Longwy de nationalité française, et dont le numéro de sécurité sociale est : 1 75 05 54 580 232 19, demeurant 2 rue sainte Élisabeth 33300 Bordeaux.

D'autre part,

Il a été conclu le présent contrat de travail à durée indéterminée à temps plein.

ARTICLE 1 – OBJET DU CONTRAT - ENGAGEMENT

Sous réserve de la visite médicale d'embauche, la Société propose à Monsieur **Pierre ALLAUX**, qui accepte, d'assurer en son sein, dans le cadre d'un contrat à durée indéterminée à temps plein prenant effet le 30 mai 2017 à 07 h 30, les fonctions d'encadrant de chantier désamiantage.

ARTICLE 3 – EMPLOI, QUALIFICATION, CONDITIONS D'EXERCICE DE L'ACTIVITÉ

3.1 Pour application de la Convention Collective à laquelle il fait référence, les fonctions confiées à Monsieur **Pierre ALLAUX** sont assimilées à celles d'un Maître Ouvrier Niveau 4 Position 1.

ARTICLE 4 – RÉMUNÉRATION – ABATTEMENT

Pour contrepartie de ses fonctions d'encadrant de chantier désamiantage, pour un mois plein travaillé selon l'horaire contractuel, Monsieur **Pierre ALLAUX** bénéficie d'une mensualité fixe, assurée sur douze mois, arrêtée à la date du 30 mai 2017 à 2 123,38 € pour 151.67 heures par mois (soit 35 heures par semaine), un taux horaire brut de 14 €.

À cette rémunération s'ajouteront :

- ***une prime quotidienne d'un montant de 17 € bruts*** *par jour de* ***port de masque*** *lié à la contrainte de la tenue réglementaire imposant le port de combinaison et masque pour les travaux de retrait d'amiante.*

Mutuelle d'entreprise obligatoire

Lors de son embauche, Monsieur **Pierre ALLAUX** a déclaré accepter que les cotisations sociales soient calculées selon la méthode dite de l'abattement de 10 % pour frais professionnels.

[...]

ARTICLE 6 - AVANTAGES SOCIAUX :

[...] **6.2.** Monsieur **Pierre ALLAUX** acquiert et use des droits à congés payés annuels dans les conditions prévues par les dispositions légales (articles L 3141-.1 et suivants du Code du Travail), conventionnelles et internes à la Société, la prise de congés s'effectuant bien entendu après concertation avec la Direction. La période de référence s'étend du 1er avril de l'année au 31 mars de l'année suivante.

Les congés sont payés par la CAISSE DE CONGÉS PAYÉS DU BTP AQUITAINE – Quartier du lac – 33081 BORDEAUX Cedex.

Fait en deux exemplaires originaux, dont un pour chaque partie

À Bordeaux, le 30 mai 2017
Le Salarié,
Monsieur **Pierre ALLAUX**

À Bordeaux, le 30 mai 2017
Pour la SOCIÉTÉ
Monsieur **Louis CASSUALY**

Signature précédée de « lu et approuvé »

Pierre ALLAUX

Louis CASSUALY

DOCUMENT 4 - Informations complémentaires sur les périodes « emploi »

Pierre ALLAUX		N° Sécurité sociale : 1 75 05 54 580 232			
Période de paie Du	Au	Salaire brut	Nombre de jours (port de masque)	Nombre de jours non intégralement payés	Indemnités Maladie (Convention BTP)
01/06/2017	30/06/2017	2 123,38 €	2		
01/07/2017	31/07/2017	2 253,33 €			
01/08/2017	31/08/2017	2 123,38 €	1		
01/09/2017	30/09/2017	2 123,38 €	12		
01/10/2017	31/10/2017	2 123,38 €	8		
01/11/2017	30/11/2017	490,00 €		21	1 486,37 €
01/12/2017	31/12/2017			31	1 846,41 €
01/01/2018	31/01/2018			31	1 592,87 €
01/02/2018	28/02/2018			7	495,46 €
01/03/2018	31/03/2018				
01/04/2018	30/04/2018				
01/05/2018	31/05/2018				
01/06/2018	30/06/2018*				

* congés pris du 01/06/2018 au 12/06/2018 (13 jours) et indemnisés par la caisse des congés payés du BTP.

La part salariale des cotisations à l'assurance chômage représente un taux de 0,95 % du salaire brut.

Règles d'indemnisation de l'arrêt maladie dans le BTP

Les conventions collectives du BTP prévoient le maintien du salaire des salariés malades sous certaines conditions (3 mois d'ancienneté minimum). Cette indemnisation est bien évidemment complémentaire à celle de la sécurité sociale et doit garantir un certain niveau de revenus au salarié, déduction faite des indemnités journalières versées par la Sécurité sociale.

Source : Éditions législatives, Dictionnaire permanent Conventions Collectives

BÂTIMENT	
PÉRIODE D'INDEMNISATION	MONTANT
Ouvriers	
DÉLAI DE CARENCE DE 3 JOURS (À CHAQUE ARRÊT INITIAL)	
du 4e au 48e jour d'arrêt (inclus)	100 %
du 48e au 90e jour d'arrêt (inclus)	75 %
À partir du 91e jour d'arrêt sur un an, la sécurité sociale n'indemnise plus l'assuré social.	

DOCUMENT 5 - Extrait « Attestation employeur Pôle Emploi »

CSP - Contrat de Sécurisation Professionnelle

ATTESTATION EMPLOYEUR
→ FICHE 3

Reportez ici le nom, le prénom et le numéro de sécurité sociale (NIR) du salarié adhérent au CSP :

Nom : ALLAUX

Prénom : Pierre

NIR : 1 7 5 0 5 5 4 5 8 0 2 3 2 1 9 (clé)

6.1 salaires des 12 derniers mois civils complets

Portez dans ces cadres les salaires correspondant aux 12 mois civils précédant le dernier jour travaillé payé
(Ex : dernier jour travaillé payé : le 25/02/2015, indiquez les salaires du 01/02/2014 au 31/01/2015).

Dernier jour travaillé payé : |_|_| |_|_| |_|_|_|_|

Période de paie du (1)	Période de paie au (1)	Date de paie (2)	Temps de travail payé (en jours ou heures) (3)	Nb de jours n'ayant pas été intégralement payés (4)	Salaire mensuel brut (5)	Montant du précompte Assurance chômage (part salariale) (6)	Observations en cas de variation significative des salaires, indiquez-en le motif (7)
01/06/17	30/06/17	30/06/17	151,67		2123,38	20,17	
01/07/17	31/07/17	31/07/17	151,67		2253,33	21,41	
01/08/17	31/08/17	31/08/17	151,67		2123,38	20,17	
01/09/17	30/09/17	30/09/17	151,67		2123,38	20,17	
01/10/17	31/10/17	31/10/17	151,67		2123,38	20,17	
01/11/17	30/11/17	30/11/17	42	21	1976,37	18,78	
01/12/17	31/12/17	31/12/17	/	31	1846,41	17,54	
01/01/18	31/01/18	31/01/18	/	31	1592,54	15,13	
01/02/18	28/02/18	28/02/18	/	7	495,46	4,71	Fin indemnités mal.
01/03/18	31/03/18	31/03/18	/	/			
01/04/18	30/04/18	30/04/18	/		/		
01/05/18	31/05/18	31/05/18	/		/		
01/06/18	30/06/18	30/06/18	/		/		

6.2 Primes et indemnités de périodicité différente des salaires, non mentionnées dans le cadre 6.1

Période couverte par l'indemnité ou la prime du	au	Date de paiement	Nature de la prime ou indemnité (13e mois, prime de bilan, prime exceptionnelle...) ATTENTION : les indemnités de départ ou compensatrices de congés payés ne doivent pas figurer ici.	Montant soumis aux contributions d'assurance chômage

DOCUMENT 6 - Devis ATIBAT

ATIBAT

Organisme de formation :
Expert amiante Conseiller ADR Formation SST Fit test

DEVIS n° DV06201804
le 01/06/2018

BAT SM
À l'attention de M PIERRE CASSUALY
148, rue Hortense
33100 BORDEAUX
N° TVA : FR 35 388 077 349

Pour le compte de : BAT SM

Date	Références
04/06/2018	**Réf** : SS3-PEC_000432 **Intitulé** : Formation 1er recyclage Encadrement de Chantier Amiante sous-Section 3 (activités définies au 1° alinéa de l'article R.4412-94 du code du travail) **Lieu** : ATIBAT BORDEAUX **Dates** : du 25/06/2018 au 06/07/2018 - Durée : 10.00 jour(s), soit 70.00 heures **Stagiaire(s)** : Alexis BENOIT né le 11/05/1988

Réf produit	Désignation	PU brut	Qté	Montant HT net	TVA
SS3-PEC	Formation 1er recyclage Encadrement de Chantier Amiante sous-Section 3 (activités définies au 1° alinéa de l'article R.4412-94 du code du travail)	**2430,00**	**1,00**	**2430,00€**	E1
SS3-PEC	Remise RTD 15%	**-364,50**	**1,00**	**-364,50**	E1

Taxes	Taux	Base HT	Montant
E1	20,00	2065,50	413,10

CONDITIONS DE RÈGLEMENT
à réception de facture

ATIBAT ZA de La Brosse 21 rue du Tertre 35520 LA CHAPELLE DES FOUGERETZ www.atibat.org

TOTAL DEVIS	
Total HT net	2 065,50
Total TVA	413,10
Total TTC	**2 478,60**
Net à payer	**2 478,60**

21 Rue du tertre ZA de la Brosse – 33520 LA CHAPELLE DE FOUGERETZ Tél : 02 99 45 09 50 – Fax : 02 99 45 09 84
formation@atibat.org – www.atibat.org
SIRET : 503 463 838 00022 – NAF : 8532Z – TVA intracommunautaire : FR 64 503463838. Organisme de formation assujetti à la TVA
Organisme de formation enregistré sous le n° 53 35 08429 35 auprès du Préfet de Bretagne. Cet enregistrement ne vaut pas agrément de l'Etat.

DOCUMENT 7 - Extrait des conditions de prise en charge de financement

Le plan de formation Constructys OPCA de la Construction peut prendre en charge, sous conditions.

Les formations FEE BAT

Pour les entreprises du Bâtiment de moins de 11 salariés, les coûts pédagogiques de ces actions sont pris en charge intégralement. Un forfait supplémentaire de 100 € par jour est pris en charge par Constructys au titre d'une indemnisation concernant les salaires et charges. Ces modalités de prise en charge sont valables au regard du respect des conditions de prise en charge définies par les partenaires (ATEE, CAPEB FFB, SCOP BTP, EDF, ADEME).

Constructys ne prend pas en charge

- Les formations d'une durée inférieure à 1 journée de 7 heures.
- Les contrats de travail de type particulier (apprentissage) ou les personnes n'ayant pas de contrat de travail en tant que salarié de l'entreprise (étudiants, intérimaires, stagiaires, agent commercial indépendant).
- Les formations informatiques visant uniquement l'apprentissage d'un environnement informatique.

Source : http://constructys-of.force.com/servlet/servlet

DOCUMENT 8 - Facture TRÉCAN CONSEIL

TRÉCAN conseil
un œil d'expert

Centre de gestion TPE 0 800 940 999 Service gratuits& appele-mail : gestionTPE@constructys.fr
Centre de gestion TPE 0 800 940 999 Service & appel gratuits e-mail : gestionTPE@constructys.fr
32, rue René Boulanger CS 60033 75483 PARIS Cedex 10 www.constructys.fr
Association régie par la loi de 1901 • SIRET 533 846 150 00 126 • Code NAF : 9499Z • T.V.A. FR 77 533 846 150

SASU TRECAN CONSEIL
La Ville Fouque Ker Gilou
35120 BROUALAN
Tél : 0299801152 Tél portable : 0601175363
Site web : VNN.trecan-conseil.fr
Courriel : contact@trecan-conseil.fr

Monsieur Louis CASSUALY
SARL BAT SM
148 rue Hortense
33100 BORDEAUX

FACTURE

Num	Date	Code Client	Date échéance	Mode Règlement	N° TVA IntraCom
FA00000189	24/05/2018	CBATSM9	24/05/2018	Chèque au comptant	FR35388077349

Désignation	Qtés	PU HT	Montant
Transféré de : Devis N ° DE20170034 du 05/04/2018. Formation Sécurité Conforme au chapitre 1.3 de l'ADR (Accord Européen pour le Transport des Marchandises Dangereuses par route) Lieu de la formation Locaux de la Sté BAT SM à BORDEAUX Date de la formation Le 23 Mai 2018 Cette Formation a été assurée par Lucille GOURGUES, conseillère à la sécurité certifiée sous le N° 09643, attestation valable jusqu'au 20/06/2018	2,00	220,00	440,00
FRAIS DE DÉPLACEMENT (facturés sur Mission annuelle)	1,00	0,00	0,00

Rappeler le numéro de facture lors de votre règlement
Règlement par chèque libellé au nom de TRECAN CONSEIL ou par virement bancaire :
Coordonnées bancaires : RIB 15589 35135 02460585240 01 CCM COMBOURG / IBAN F 15589351350246058524001 - BIC CMBRFR2BARK

En conformité avec l'article L441-6 du Code de Commerce, en cas de retard de paiement, sera appliqué :
Une pénalité pour retard de paiement, calculée au taux d'intérêt de refinancement de la Banque Centrale Européenne majoré de 10 points de pourcentage. Une indemnité forfaitaire de recouvrement (40 C) (Décret 2012-1115 du 9 octobre 2012

Total HT	440,00
Total TVA	88,00
Total TTC	528,00
Acomptes	0,00
Net à Payer	528,00
Solde Dû	528,00

« Facture réglée le 01.06.18 par chèque N°4474930 sur banque BNP PARIBAS ».

TRÉCAN conseil

DOCUMENT 9 - Feuille d'émargement formation TRÉCAN

TRÉCAN conseil *un œil d'expert*	**FEUILLE D'ÉMARGEMENT** Formation conforme au chapitre 1.3 de l'A.D.R.	Numéro : EN-30
		Indice : ()
		Date : 23/05/2018
		Par : LG

Entreprise : BAT SM 33100 BORDEAUX

NOM - PRENOM	DATE NAISSANCE	23-mai-18		NBRE HEURES
		Matin	Après-midi	
LOMBAR Bruno	05/10/1963	[signature]	[signature]	6 h
GORDET Gérard	28/05/1982	[signature]	[signature]	6 h

Certifié exact par l'organisme
Par **Mme Lucille GOURGUES**
Le 23 mai 2018
Signature :

TRÉCAN conseil *Un œil d'expert*
La Ville Fouque – 35120 BROUALAN
Tél. 06 01 17 53 63
www.trecan-conseil.fr
contact@trecan-conseil.fr

DOCUMENT 10 - Refus de prise en charge formation TRÉCAN

CONSTRUCTYS
OPCA de la Construction

PARIS, le 13 juin 2018

Refus de prise en charge
BAT SM
148 rue Hortense
33100 BORDEAUX

N/Réf. : 3918004392.01
Section : Moins de 11 (10 av 2017) salariés -
Bâtiment à rappeler dans toutes les correspondances

Dossier suivi par : Karine PODENSAC

Madame, Monsieur,

Nous avons le regret de vous informer que nous ne pouvons pas donner une suite favorable au financement de l'action de formation **1.3** ADR dans le cadre du Plan de Formation (et VAE) pour le(les) motif(s) suivant(s) :

- **Formation non imputable sur les fonds de la formation professionnelle continue.**

Pour plus de précision, vous pouvez consulter nos critères de prise en charge sur notre site : www.constructys.fr.

Veuillez agréer, Madame, Monsieur, l'expression de nos salutations distinguées.

Le centre de Gestion TPE

Centre de gestion TPE 0 800 940 999 Service gratuits& appel e-mail : gestionTPE@constructys.fr

DOCUMENT 11 - Relevé mensuel individuel

POUR CABINET COMPTABLE ESTRANT **SOCIETE** BATSM - 148 rue Hortense
33100 BORDEAUX

RELEVE D'HEURES - MAI 2018 **Nom et prénom : DOISNEAU Claude**

JOUR	DATE	NBRE D'HEURES TRAVAILLÉES	LIEU DE TRAVAIL	INDÉMNITÉ PETIT DÉPLACEMENT		PRIME PANIER REPAS		NUIT	N° CHANTIER
				TRAJET (2)	TRANSP. (3)	9,40 €	18,10 €	48 €	
SEMAINE 18									
lundi	30-avr	8	Bordeaux			1			CH20170511
mardi	01-mai	FERIE							
mercredi	02-mai	8h20	Issigeac	1		1			CH20170515
jeudi	03-mai	8h15	Issigeac	1		1			CH20170516
vendredi	04-mai	7	Issigeac	1		1			CH20170517
SEMAINE 19									
lundi	07 mai	10	Bordeaux			1			CH20170511
mardi	08-mai	FERIE							
mercredi	09-mai	8	Bordeaux			1			CH20170511
jeudi	10-mai	FERIE							
vendredi	11-mai	8	Bordeaux			1			CH20170511
SEMAINE 20									
lundi	14-mai	9h15	Sarlat				2	1	CH20170518
mardi	15-mai	8	Sarlat				2	1	CH20170518
mercredi	16-mai	8	Sarlat				2	1	CH20170518
jeudi	17-mai	8	Sarlat				2	1	CH20170518
vendredi	18-mai	9	Sarlat				1		CH20170518
SEMAINE 21									
lundi	21-mai	8h30	Fumel				2	1	CH20170520
mardi	22-mai	7	Fumel				2	1	CH20170520
mercredi	23-mai	7	Fumel				2	1	CH20170520
jeudi	24-mai	7	Fumel				2	1	CH20170520
vendredi	25-mai	7	Fumel				1		CH20170520
SEMAINE 22									
lundi	28-mai	9	Périgueux				2	1	CH20170608
mardi	29-mai	9	Périgueux				1		CH20170608
mercredi	30-mai	7	Libourne			1			CH20170609
jeudi	31-mai	7	Bordeaux			1			CH20170511
vendredi	01-juin	7	Bordeaux			1			CH20170511

SALAIRE BRUT			PRIME(S)	MONTANT	RETENUE(S) DIVERSE(S)	MONTANT
12,27 €	151,67h	1 860,99			Acompte versé le...	/
HEURES SUPPLEMENTAIRES					Saisie sur salaire - Avis 058622685	478,79
HS 25%	17h20					
HS 50%						

MOTIF DE L'ABSENCE :

CP	CONGES PAYES	ATJ	ACCIDENT DE TRAJET
CSS	CONGES SANS SOLDE	AT	ACCIDENT DE TRAVAIL
ABS AUT	ABSENCE AUTORISEE	AM	ARRET MALADIE
ABS INJ	ABSENCE INJUSTIFIEE	ABS EV	ABSENCE EVENEMENTS FAMILIAUX

Fait à BORDEAUX, le 30 MAI 2018

Signature salarié

(1) HEURES TRAVAILLÉES (HEURES EFFECTIVES) : heures de travail + temps de route pour grands trajets
(2) TRAJET : l'ouvrier se rend sur le chantier sans passer par l'entreprise
(3) TRANSPORT : l'ouvrier utilise son véhicule personnel pour se rendre sur le chantier

DOCUMENT 12 - Extrait « Lettre d'information » CAPEB

La LETTRE de la CAPEB 33

CAPEB L'Artisanat du Bâtiment GIRONDE

INDEMNITE DE DEPLACEMENT (TRAJET)

Petit déplacement [0 à 100 Km]	TRAJET	TRANSPORT
ZONE1A (0 à 4)	0,55 €	0,82 €
ZONE1B (4 à 10)	1,61 €	2,21 €
ZONE2 (10 à 20)	3,01 €	4,67 €
ZONE3 (20 à 30)	4,27 €	7,67 €
ZONE4 (30 à 40)	5,62 €	10,11 €
ZONE5 (40 à 50)	7,17 €	13,20 €
ZONE6 (50 à 60)	8,72 €	16,29 €
ZONE7 (60 à 70)	10,27 €	19,38 €
ZONE8 (70 à 80)	11,82 €	22,47 €
ZONE9 (80 à 90)	13,37 €	25,56 €
ZONE10(90 à 100)	14,92 €	28,65 €
Indemnité de repas	9,40 €	9,40 €
Grand déplacement [Au-delà de 100 km]		
REPAS	18,10 €	
NUIT	48,00 €	

LES INDEMNITES DES PETITS DEPLACEMENTS GIRONDE DEPUIS LE 1ER MAI 2018

Indemnité de repas : la valeur à prendre en compte pour le calcul de l'assiette CSG CRDS : 9,40 € - 9,00 € = 0.40 €

9 € non soumis à cotisations sociales

Les distances sont toujours mesurées à vol d'oiseau

Selon CC Ouvriers employés par des entreprises du bâtiment

© CAPEB 01/01/2018

DOCUMENT 13 - Données géographiques

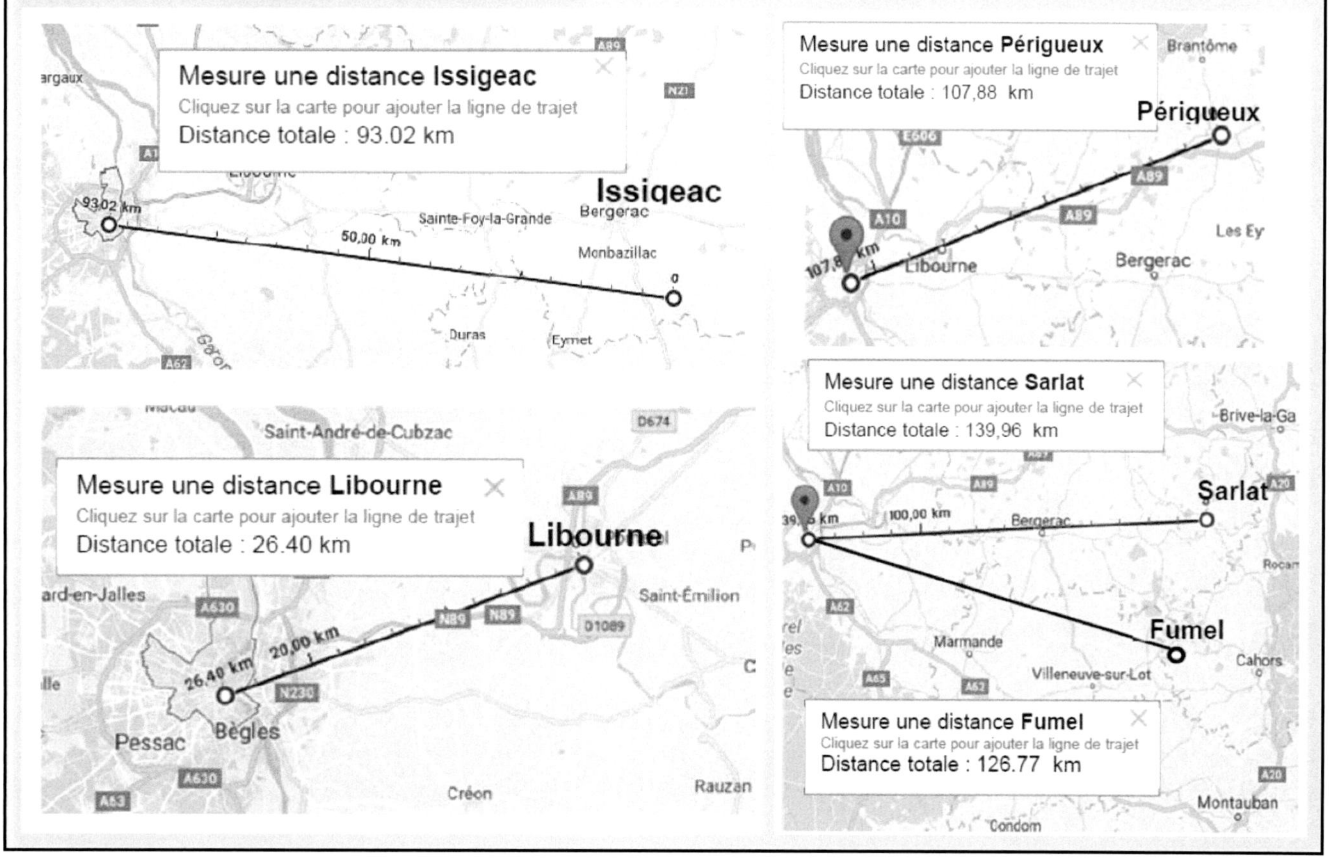

DOCUMENT 14 - Bulletin de salaire de Claude DOISNEAU

2018_PAYE MAI_DOISNEAU.pdf - Adobe Acrobat Pro

BATSM
148 rue Hortense
33100 Bordeaux
SIRET 38807734900065 – NAF 4391B

COUVERTURE ZINGUERIE DÉSAMIANTAGE

BULLETIN DE SALAIRE

CLAUDE DOISNEAU Période : mai 2018
4 Imp. Bulle Paiement par virement le : 31/05/18
33150 Cenon Du : 01/05/2018 Au : 31/05/2018

Entré le : 01/06/2008 Ancienneté : 9 ans et 7 mois Matricule : 5526 **SMIC Horaire : 9,88**
Emploi : opérateur amiante - Coef : 210 Plafond Sécu : 3 311,00
Convention Collective Nationale des Ouvriers employés par des entreprises du bâtiment du 8 octobre 1990

RUBRIQUES	BASE	TAUX SALARIAL	MONTANT SALARIAL	Part Employeur
SALAIRE DE BASE	151,67	12,2700	1 860,99	
H. supp majorées 25 %	17,33	15,3375	265,80	
SOUS TOTAL SALAIRE DE BASE	**169,00**		**2 126,79**	
PRIME DE PANIER NON EXO	9,00	0,4000	3,60	
IND. TRAJET ZONE 9	3,00	13,3700	40,11	
SALAIRE BRUT			**2 170,50**	

2018_PAYE MAI_DOISNEAU.pdf - Adobe Acrobat Pro

TOTAL DES RETENUES			**513,76**		**1 276,22**
BTP - COTIS RETRAITE / PREV / SANTE NON DEDUCTIBLE				10,35	
NET IMPOSABLE				**1 729,85**	
BTP - COTIS RETRAITE / PREV / SANTE NON DEDUCTIBLE			10,35		
PRIME DE PANIERS NON SOUMIS	9,00	9,0000		81,00	
IND. GRAND DEPL REPAS	21,00	18,1000		380,10	
IND GRAND DEPL NUIT	8,00	48,0000		384,00	
RETENUE SUR SALAIRE			478,79		
NET A PAYER				**2 012,70**	

210 x 297 mm

DOCUMENT 15 - Mémo réglementaire

Notes / Rappels Heures supplémentaires

Modifier | Créer | Pièce(s) jointe(s) ▾ | Autres options ▾

Aujourd'hui | Cette semaine | Ce mois | Tous les mois

RAPPELS

« ....l'article L 3121-36 du Code du Travail stipule que : les 8 premières heures supplémentaires seront majorées de 25 % ; Au delà, la majoration sera de 50 %. Les heures supplémentaires seront comptabilisées en semaine civile. Plus précisément, en application de l'article L 3121-35 du Code du Travail, "la semaine débute le lundi à 0 heure et se termine le dimanche à 24 heures." - ***www.coindusalarie.fr/heures-supplementaires-calcul***

Date de paiement des heures supplémentaires : le décompte des heures supplémentaires dans le cadre de la semaine civile conduit à reporter au mois suivant le paiement des heures supplémentaires effectuées au cours des semaines se situant à cheval sur deux périodes de paie

Réf 1208 Memento Paie Francis Lefebvre

Frais de déplacement : *ces* frais sont dus au titre du mois (ex : les frais de déplacement de janvier sont remboursés sur le bulletin de janvier)

Envoi d'un message ou Enregistrer une note interne

Note créée

Chelsea Mendez - Document déposé depuis 1 an

Abonné(e) ▾

Ajouter d'autres abonnés

Chelsea Mendez

Gestionnaire-Administratif (Vous)

DOCUMENT 16 - Courriel du Château de Rayne Vigneau

Plus ▾ 4 sur 14

Château de Rayne Vigneau

A BatSM-SARL <contact@bat-sm.com>

Madame,

Nous vous remercions pour l'intérêt que vous portez au Château Rayne Vigneau.

Suite à notre appel téléphonique, voici les informations sur la dégustation perchée :

- Cette prestation de 2h doit commencer à 11h
- Le tarif est de 33 € par personne
- Nous vous ferons en plus de la dégustation perchée une présentation et visite guidée du vignoble.

Le nombre maximal de personnes pour grimper est de 7. Nous allons procéder de la sorte si cela vous convient :

- premier groupe : visite du vignoble et dégustation dans l'arbre
- second groupe : dégustation dans l'arbre et visite guidée

Pour prolonger ce moment et profiter du cadre magnifique du domaine, nous vous proposons pour le pique-nique un panier fraîcheur composé de fruits et de légumes de saison, de foie gras, de rillettes de canards et de pain aux

Tarif forfait panier fraîcheur : 35 euros par personne boissons comprises.
Réservation minimum 24h à l'avance.

Nous restons à votre disposition pour toutes informations complémentaires et vous souhaitons une agréable journée.

L'équipe du Château de Rayne Vigneau
4, le Vigneau - 33210 Bommes
château@raynevigneau.fr - 05 56 76 64 05

1er Grand Cru Classé

DOCUMENT 17 - Menu dîner « La cuillère à pot »

RESTAURANT
et Chambres d'Hôtes
ORIGNE
LA CUILLERE A POT

MENU GOURMAND 35 €
Garbure
2ème entrée au chois à la carte
Plat au choix à la carte
Assiette de fromages (producteurs locaux)
Dessert selon suggestion du moment

TOUS LES MENUS SONT BOISSONS COMPRISES

MENU ESCAPADE 18,50 €
Terrine landaise
ou salade et crudités de saison
Tarte fine de gésiers confits et farandole de champignons
****
Grillade (bavette d'aloyau ou onglet suivant marché)
sauce poivre ou foie gras
****
Dessert selon suggestion du moment

MENU DECOUVERTE 25 €
Garbure ou Terrine landaise
ou magret séché au foie gras et cou farci sur lit de salade
Coupe royale de rillettes de thon/salade/tomates
****
Onglet de veau
Cocotte de la mer (Saints Jacques et poissons sur lit de poireaux)
ou suggestion du jour
****
Dessert selon suggestion du moment

DOCUMENT 18 - Itinéraire Mappy

DOCUMENT 19 - Tarif base nautique de Bommes

CANOE KAYAK BOMMES NAUTIQUE

Tel : 0556766142 - Mail ckbn@orange.fr
Association loi 1901 - Affiliation FFCK : 000 9000
N°SIRET : 407 785 997 00021 - APE 926C

CKBN TARIFS PAR CANOE ET KAYAK SAISON 2018

	PARCOURS (PARC.) DEMI-JOURNEE (D-J) JOURNEE (JOUR)	Distances	Tarifs par personne en canoë		Tarifs Groupe (à partir de 15 pers.)	Tarifs par personne en kayak (1 place)	Durées (dépend de votre allure, temps de pose et pique-nique non compris)
			Canoë 2 places 14 ans et +	Enfants - 13 ans canoë 3 places			
PARC.	Sur place, départ et retour Bommes en canoë, sans navette	sur place	10 €	6 €	8 €	15 €	1h
DEMI-JOURNEE	Parcours découverte Caussarieu/Bommes	5,5 Km	12 €	6 €	10 €	15 €	1h
DEMI-JOURNEE	Demi-journée (Loc/JD) Matin : Peyrebernède Après-midi : Antonion	 9 Km 11 Km	15 €	6 €	13 €	18 €	1h45
JOURNEE	Petite journée Villandraut	13 Km	18 €	6 €	16 €	20 €	3h15
JOURNEE	Grande journée Préchac	22 Km	20 €	6 €	18 €	24 €	5h15
JOURNEE	Descente Gourmande* tarif par personne (mini 6 pers.) Départ : Peyrebenède	17 Km	*35 €	*22 €		*35 €	7h (avec repas à Bommes et dégustation au château)

* Canoë 3 places (2 adultes et 1 enfant 12 ans maximum)

Gratuit : bidon étanche. Carte de navigation qui agrémentera votre descente. Possibilité initiation et encadrement par un moniteur. Tarif (nous consulter)

Tous les départs de navette se font depuis la halte nautique de Bommes

HORAIRES DEPARTS PERIODE 8 JUILLET AU 3 SEPTEMBRE 2018

Horaires de départ navette matinée
- **JOUR/** Préchac ou Villandraut : rdv 8h45, départ 9h
- **D-J/** Peyrebenède (Loc, JD ou DG) : rdv 9h45, départ 10h
- **D-J/** Sauternes au fil de l'eau : rdv pour départ
- **JOUR/** Villandraut : rdv 10h15, départ 11h00

Horaires de départ navettes après-midi (pour retour château)
- **D-J/** Antonion : rdv 14h, départ 14h15
- **D-J/** Antonion (Loc ou JD) : rdv 16h 45 , départ 17h
- **D-J/** Caussarieu : rdv 15h, départ 15h15
- **D-J/** Caussarieu : rdv 16h, départ 16h15
- **D-J/** Sauternes au fil de l'eau : rdv 16h pour départ
- **JOUR/** Retour navette DG : 17h au château

DOCUMENT 20 - Devis minibus

Réf. N°Devis : 150763

DEVIS DE TRANSPORT

Langon, le 04/06/2018

BATSM
148 rue Hortense
33100 Bordeaux

Madame, Monsieur

Suite à votre demande, je me permets de vous communiquer ma meilleure proposition pour exécuter votre transport dont je rappelle ici quelques éléments :

Destination BOMMES
Départ le 01/09/2018 à 09:00
Arrivée le 01/09/2018 à 23:00

NB de Bus 1 Nb de Personnes 12
Nb de Chauffeurs 1

	TVA 10,00	**TVA 20,00**
HT	460,61	7,36
TVA	46,06	1,47
TTC	506,67	8,83
TOTAL TTC		**515,50**

Remarques :
Trajet : BORDEAUX/BOMMES *estimé à 1 h*
ORIGNE /BORDEAUX *estimé à 1 h 15*

Les frais de repas et d'hébergement du ou des conducteur(s) sont à votre charge. Dans le cas contraire, ils vous seront facturés. Il en est de même pour toute prestation supplémentaire.

Dans l'attente de votre rapide confirmation, mes services restant à votre disposition.
Veuillez agréer, Madame, Monsieur, en l'assurance de mes sentiments les meilleurs.

Ce devis est valable 3 mois à compter du 04/06/2018, selon la disponibilité des autocars.

Merci de retourner signé, avec la mention "Bon pour accord", pour confirmer la commande.

Le Président,

C.Fumey

POUR INFORMATION : la durée légale d'amplitude (durée séparant la prise de service de la fin de service du conducteur lors d'une journée de travail avec départ et retour au garage du véhicule) ne peur excéder 14h. Pour un transport à deux conducteurs, amplitude de 18 heures. Pour 4 h 30 de conduite, le conducteur bénéficie d'une pause obligatoire au moins égale à 45 mn,

SISS de Langon - 5 rue Marcel Paul - ZA du Dumès - 33210 LANGON
Tél : 05 56 62 36 03 - Fax : 05 56 63 15 27 - transport@siss-langon,fr - www.siss-langon.fr
Code NAF : 602B - N°SIRET : 25330017200025 - N°TVA intra-communautaire: FR0625330017200025

ANNEXE A - Fiche de remboursement de frais

(à rendre avec la copie)

ATIBAT — Organisme de formation · Expert amiante · Conseiller ADR · Formation SST · Fit test — EN-A-6 – Ind 0 du 05/01/2017

BULLETIN D'INSCRIPTION (Vaut pour bon de commande)

ENTREPRISE

Raison sociale : ....

Adresse du siège social : ....

Code postal : .... Ville :

N° SIRET ☐☐☐☐☐☐☐☐☐☐☐☐☐☐ N° TVA : FR ☐☐☐☐☐☐☐☐☐☐☐☐☐ Code APE : ....

Personne à contacter (chargée de la gestion administrative) : ....

Téléphone : .... E-mail : ....

Nom du responsable de l'entreprise et qualité : ....

FORMATION

❐ Sous-Section 3 (Retrait et encapsulage)		❐ Sous-Section 4 (Interventions susceptibles de libérer des fibres d'amiante)	
❐ Préalable ❐ 1er Recyclage ❐ Recyclage à 3 ans	❐ Encadrement Technique ❐ Encadrement de Chantier ❐ Opérateur	❐ Préalable ❐ Recyclage à 3 ans	❐ Encadrement Technique ❐ Encadrement de Chantier ❐ Encadrement Mixte ❐ Opérateur
❐ 1.3 de l'ADR	❐ SST : ❐ Initial ❐ Recyclage	❐ Assistante	❐ Plomb
❐ Métrologie	❐ Aéraulique		

Date de la formation : .... Lieu : ❐ RENNES ❐ BORDEAUX ❐ autre : ....

PARTICIPANT(S)

NOM	Prénom	Statut [1]	Type [2]	Date de naissance

[1] *S = Salarié – TNS = Gérant non salarié – Autre = Demandeur Emploi, etc...*

[2] *OC = Opérateur de Chantier - EC = Encadrement de Chantier - ET = Encadrement Technique - EM = Encadrement Mixte*

FACTURATION – *A remplir impérativement*

❐ **Etablissement à facturer** si différent (celui-ci règle directement la facture de formation présentée par ATIBAT)

Adresse : ....

Code postal : .... Ville : ....

❐ **Subrogation par l'OPCA** (la facture de formation lui sera directement adressée pour règlement)

Il vous appartient de vérifier l'imputabilité de votre formation auprès de cet organisme et de faire votre demande de prise en charge avant la formation. Un accord de prise en charge écrit doit nous parvenir par courrier de sa part avant le début de la formation.

Dans le cas contraire, le client sera facturé de l'intégralité du coût de la formation.

Organisme de financement : ....

Adresse : ....

Code postal : .... Ville : ....

Nom du gestionnaire de dossier : .... ☎ : ....

❐ Nous acceptons de recevoir par mail, les documents nécessaires au remboursement (facture, feuille d'émargement, attestations de compétences), **à l'adresse mail suivante** : ....

Je, soussigné(e) .... , déclare avoir pris connaissance et accepté dans toutes ses dispositions les conditions générales de formation d'ATIBAT annexées. Le ..../........../..........

Signature & cachet :

ATIBAT
21 Rue du Tertre – ZA de la Brosse – 35520 LA CHAPELLE DES FOUGERETZ
Tél. : 02 99 45 09 50 – Fax : 02 99 45 09 84 – formation@atibat.org – www.atibat.org
SIRET : 503 463 838 00022 – NAF : 8532Z – TVA Intracommunautaire : FR 64 503463838 · Organisme de formation assujetti à la TVA
Organisme de formation enregistré sous le n° 53 35 08429 35 auprès du Préfet de Bretagne. Cet enregistrement ne veut pas agrément de l'Etat.

7

ÉPREUVE E2 – Gestion administrative des relations avec le personnel

Métropole
Juin 2018

SITUATIONS PROFESSIONNELLES DU BAC PRO GA MISES EN ŒUVRE :

2.1.2 Gestion administrative des temps de travail
Compétence visée : Décompter et planifier le temps de travail

2.1.4 Transmission d'informations à destination du personnel
Compétence visée : Apprécier la nature et le degré de confidentialité de l'information à destination du personnel

2.2.4 Préparation et suivi de la formation du personnel
Compétence visée : Assurer des opérations administratives liées à la formation du personnel

2.3.3 Participation à la préparation et au suivi budgétaire
Compétence visée : Mettre à jour un état budgétaire et signaler les écarts

2.4.4 Participation à la mise en place d'activités sociales et culturelles
Compétence visée : Mettre en œuvre des actions à destination du personnel

INSTITUT GÉOGRAPHIQUE NATIONAL

BARÈME INDICATIF

Dossier	Pages	Barème
PRÉSENTATION DE L'ENTREPRISE	167	
Dossier 1 – Inscription à un séjour vacances • 1.1. Étudier la recevabilité d'une demande • 1.2. Renseigner un formulaire d'inscription • 1.3. Proposer un protocole d'amélioration	169	**/15**
Dossier 2 – Transmission d'informations sur le Compte Personnel de Formation • 2.1. Rappeler les modalités et les enjeux du Compte Personnel de Formation • 2.2. Mettre à jour un tableau des droits à formation • 2.3. Communiquer des données pertinentes	170	**/20**
Dossier 3 – Décompte du temps de travail • 3.1. Préparer des éléments de réponse • 3.2. Proposer des réponses argumentées • 3.3. Élaborer un document permettant de résoudre une difficulté	171	**/20**
Dossier 4 – Mise à jour d'un budget prévisionnel • 4.1. Finaliser un budget prévisionnel • 4.2. Alerter la hiérarchie des écarts repérés • 4.3. Repérer l'impact des choix budgétaires sur la motivation des salariés	172	**/20**
Présentation, soin, orthographe et syntaxe		**/05**
TOTAL		**/80**
TOTAL		**/20**

Documents fournis	**Document 1 -** Note d'information sur les séjours vacances 2018 **Document 2 -** Courriel de demande d'inscription en séjour **Document 3 -** Présentation des séjours vacances **Document 4 -** Extrait de la fiche de l'agent Yves NOYER **Document 5 -** Compte personnel d'activité dans la fonction publique **Document 6 -** Formations des agents IGN « extrait » **Document 7 -** Courriel de Serge LISTRAC, service Support et Exploitation du SI **Document 8 -** Copie écran du SI – Fiche Agent IGN **Document 9 -** Courriel de Kevin NOBOURG, responsable du personnel **Document 10 -** Extrait de la réglementation du temps de travail à l'IGN **Document 11 -** Récapitulatif horaire journalier de Maëva TA **Document 12 -** Récapitulatif horaire journalier de Thierry PILAT **Document 13 -** Extrait du livret d'accueil de l'IGN
Documents à compléter	**Annexe A -** Formulaire d'inscription **Annexe B -** Extrait du tableau de suivi compte personnel formation au 30/05/2018 **Annexe C -** Budget prévisionnel 2019

PRÉSENTATION DE L'ENTREPRISE

IGN
INSTITUT NATIONAL DE L'INFORMATION GÉOGRAPHIQUE ET FORESTIÈRE

Créé le 1er janvier 2012, l'Institut national de l'information géographique et forestière (IGN) a repris, en les complétant, les missions des deux établissements dont il est issu : l'Institut géographique national et l'Inventaire forestier national.

L'IGN est un établissement public à caractère administratif, placé sous la tutelle du ministre de la Transition Écologique et Solidaire et du ministre de l'Agriculture et de l'Alimentation.

L'IGN assure la production, l'entretien et la diffusion de l'information géographique de référence en France.

L'IGN a pour vocation de décrire la surface du territoire national et l'occupation de son sol, d'élaborer et de mettre à jour l'inventaire permanent des ressources forestières nationales. Il contribue à l'aménagement du territoire, au développement durable et à la protection de l'environnement, à la défense et à la sécurité nationale, à la prévention des risques, au développement de l'information géographique et à la politique forestière en France et à l'international.

L'IGN est administré par un conseil d'administration et dirigé par un directeur général. Un conseil scientifique et technique, un comité consultatif de la filière forêt et bois, et un conseil de perfectionnement de l'École nationale des sciences géographiques assistent le conseil d'administration et le directeur général.

Au sein de l'IGN, œuvrent des associations de salariés à caractère social, humanitaire, culturel et sportif, comme ENTRAIDE.

Vous travaillez au siège social situé à Saint-Mandé, en périphérie de Paris. Vous occupez le poste de Gestionnaire Administratif, sous la direction de Kevin NOBOURG, responsable du personnel.

En parallèle, vous êtes amené à effectuer quelques tâches administratives pour l'association ENTRAIDE PERSONNEL IGN VACANCES dont la présidente est Corinne DARBOT.

Raison sociale	Institut National De L'information Géographique et Forestière
Fondateur	Albert LEBRUN
Création	27 juin 1940
Ancien nom	Institut géographique national
Directeur général	Daniel BURSAUX
Statut juridique	Établissement public à caractère administratif
Organisations affiliées	Ministère de la Transition Écologique et Solidaire Ministère de l'Agriculture et de l'Alimentation
Adresse	73 avenue de Paris – 94165 SAINT MANDÉ CEDEX
Téléphone/ Télécopie	01 43 98 80 00 / 01 43 98 84 00
Site internet	http://www.ign.fr/
Adresse électronique	prenom.nom@ign.fr
Horaires	8 h 00 - 20 h 00
Durée hebdomadaire légale	35 heures
Profil horaire	36 heures, 37 heures ou 38 heures 30 (choix des agents)
Plages fixes de présence	9 h 30 - 11 h 30 et 14 h 00 - 16 h 00
Association partenaire	ENTRAIDE PERSONNEL IGN VACANCES *(Domaines d'action : colonies de vacances et séjours de vacances, billetterie pour les grands parcs, garderie pour les enfants, arbre de Noël pour les enfants de 0 à 13 ans, etc.)* Permanence Saint-Mandé Bât. B, salle 219 ✆ Poste 8260 ou 7210

Organigramme « DIRECTION DES RESSOURCES HUMAINES »
Au 1er septembre 2017

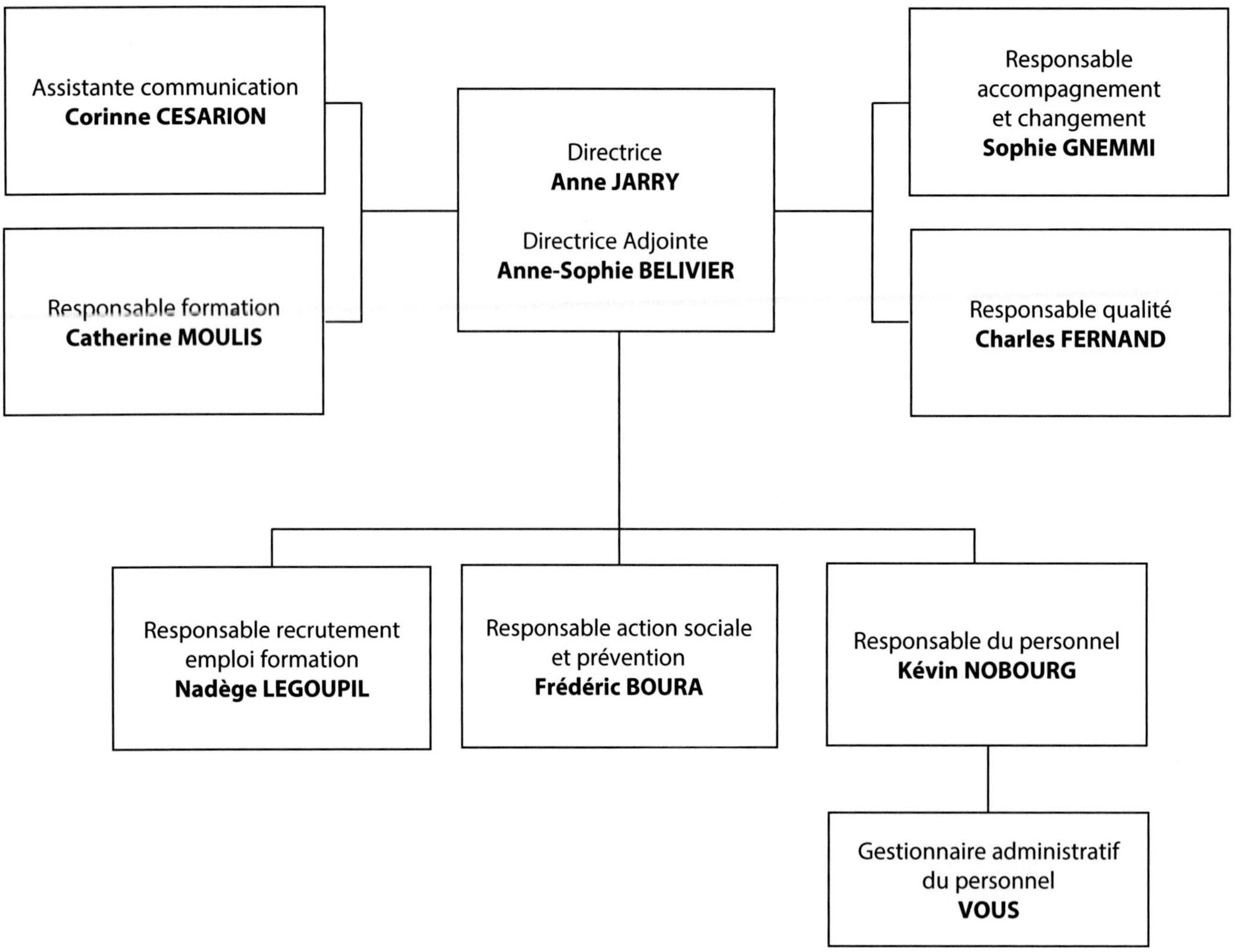

DOSSIER 1 - Inscription à un séjour vacances

ENTRAIDE est l'une des associations qui bénéficie du soutien de l'IGN à travers le budget social géré par la DRH. Elle propose des séjours vacances familiales, à destination des agents et de leurs enfants. Elle met essentiellement à disposition des structures pour une durée comprise entre 14 et 21 jours.

Elle propose également des séjours vacances à destination des enfants âgés de 4 à 17 ans. L'ensemble des offres vacances, se déroule sur les deux sites que possède l'Institut: Villefranche (41) et Roussillon (84).

Monsieur NOYER, agent administratif, souhaite faire partir son fils Clément, en juillet 2018, en colonie de vacances dans le Loir et Cher (41).

À partir de la demande de l'agent et de la documentation fournie, vous êtes chargé d'étudier, puis de valider la demande de l'agent.

1.1. Préciser si la demande de Monsieur NOYER est recevable. Justifier la réponse.
(Composition sur la copie)

1.2. Monsieur NOYER ayant accepté la proposition, renseigner le formulaire d'inscription.
(Annexe A à rendre avec la copie)

Pour valider l'inscription d'un enfant à un séjour de vacances, les agents de l'IGN doivent communiquer impérativement une copie de la fiche sanitaire, des éventuelles allergies, du certificat médical pour la pratique des sports proposés et du brevet de natation.

La présidente d'ENTRAIDE a été alertée sur le fait que des enfants n'ont pas pu pratiquer des activités sportives en 2017, faute de justificatifs. Or, elle s'aperçoit qu'au moment des inscriptions, ENTRAIDE ne contrôle pas si les agents fournissent les documents nécessaires au bon déroulement du séjour.

1.3. À la demande de Madame DARBOT, proposer un protocole qui permettrait d'améliorer la situation pour 2018. (Composition sur la copie)

Ressources à disposition:

- Note d'information sur les séjours vacances 2018 **(Document 1)**
- Courriel de demande d'inscription en séjour **(Document 2)**
- Présentation des séjours vacances **(Document 3)**
- Extrait de la fiche de l'agent Yves NOYER **(Document 4)**

DOSSIER 2 - Transmission d'informations sur le compte personnel de formation

Le Compte Personnel d'Activité est entré en vigueur le 1er janvier 2017. Il comprend le Compte Personnel de Formation (CPF) et le Compte d'Engagement Citoyen (CEC).

L'IGN a pour ambition de participer au développement des compétences professionnelles des agents et à leur évolution de carrière. Les agents ont bien cerné l'intérêt de se former. En effet, l'environnement professionnel actuel est en perpétuel changement, les besoins des organisations évoluent et les profils de postes changent. C'est dans cette perspective que l'IGN souhaite encourager fortement ses agents à actualiser leurs connaissances, maintenir une veille technologique et informationnelle par le biais du Compte Personnel de Formation.

Pour montrer l'intérêt du CPF, Monsieur NOBOURG vous demande de lui préparer les éléments essentiels à faire figurer dans une note d'information et de promotion qu'il souhaite rédiger et diffuser à l'ensemble des agents.

2.1. Rappeler les modalités et les enjeux du Compte Personnel de Formation.
(Composition sur la copie)

Monsieur NOBOURG vient de recevoir de Madame MOULIS une liste complémentaire des agents ayant demandé une formation en 2018.

2.2. Mettre à jour le tableau des droits à formation des agents. (Annexe B à rendre avec la copie)

Vous consacrez beaucoup de temps à faire le suivi des droits à formation des agents sur tableur. La Direction Système d'Information (DSI) gère les données du personnel à l'aide d'un Système d'Information interne (SI). Pour faciliter votre travail, vous décidez de la contacter pour savoir s'il est possible d'intégrer les données liées au Compte Personnel de Formation dans le SI.

2.3. Communiquer à la DSI les données sur les droits à formation qui devraient être ajoutées au SI. (Composition sur la copie)

Ressources à disposition :

- Compte personnel d'activité dans la fonction **(Document 5)**
- Formations des agents IGN « Extrait » **(Document 6)**
- Courriel de Serge LISTRAC, service Support et Exploitation du SI **(Document 7)**
- Copie écran du SI - Fiche Agent IGN **(Document 8)**

DOSSIER 3 - Décompte du temps de travail

Tous les agents pointent en arrivant le matin, à la pause obligatoire de midi et le soir en quittant leur travail. Le cycle de travail de référence est la semaine.

Ils doivent être obligatoirement présents pendant les plages fixes. Une journée théorique représente 7 h 42 de travail pour 38 h 30 hebdomadaires. La coupure du midi ne peut pas être inférieure à ¾ d'heure. Même si l'agent déjeune en moins de temps, ¾ d'heure seront automatiquement décomptés (le solde constituera un « écart repas »).

Monsieur NOBOURG a été alerté par la DRH de difficultés de compréhension de la part des agents à propos du décompte horaire.

3.1. Préparer les éléments de réponse concernant le principe du décompte horaire à l'IGN. (Composition sur la copie)

3.2. Proposer des réponses argumentées à Monsieur NOBOURG pour chaque demande reçue des agents. (Composition sur la copie)

Une réunion appelée « RH Café » est organisée par Monsieur NOBOURG tous les mois. Lors de la dernière, des agents se sont plaints du manque de clarté de la procédure à appliquer pour les demandes de congés et d'absences.

3.3 Recenser dans un document synthétique l'ensemble des congés et absences en indiquant les procédures à appliquer. (Composition sur la copie)

Ressources à disposition :

- Courriel de Kévin NOBOURG, responsable du personnel **(Document 9)**
- Extrait de la réglementation du temps de travail de l'IGN **(Document 10)**
- Récapitulatif horaire journalier de Maëva TA **(Document 11)**
- Récapitulatif horaire journalier de Thierry PILAT **(Document 12)**
- Extrait du livret d'accueil de l'IGN **(Document 13)**

DOSSIER 4 - Mise à jour d'un budget prévisionnel

Monsieur NOBOURG doit présenter au vote le budget prévisionnel 2019 le 30 octobre. Soucieux d'assurer un suivi efficace du budget de son service, il vous charge de calculer les évolutions budgétaires en fonction des orientations définies.

4.1. Mettre à jour l'état prévisionnel 2019. (Annexe C à rendre avec la copie)

Monsieur NOBOURG vous explique que l'enveloppe globale du budget « personnel » doit être maîtrisée. Il vous indique également que le budget des œuvres sociales pour 2019 devra être identique à celui de 2018.

4.2. Commenter les éventuels écarts constatés. (Composition sur la copie)

4.3. Relever les décisions qui pourraient avoir un impact sur la motivation du personnel. (Composition sur la copie)

DOCUMENT 1 - Note d'information sur les séjours vacances 2018

Saint-Mandé, le 13/02/2018

Entraide

SECRÉTARIAT
NOTE POUR AFFICHAGE

COLONIE IGN 2018

PETITS et GRANDS : VILLEFRANCHE ET ROUSSILLON

DOSSIERS D'INSCRIPTION

À RETIRER DÈS À PRÉSENT AU BUREAU DE L'ASSOCIATION ENTRAIDE
AUPRÈS DES PERMANENTES (Corinne ou Ghislaine)

Toute inscription deviendra définitive à réception du dossier complet :

- Au 30 avril 2018 pour JUILLET
- Au 30 mai 2018 pour AOÛT

ENTRAIDE SOCIALE de l'IGN

met à votre disposition deux formules qui pourraient ravir petits et grands
(Tarifs établis en fonction des quotients)

Entraide
Entraide sociale du Personnel de l'IGN – 73, avenue de Paris – 94165 Saint-Mandé Cedex
Tél. 01 43 98 62 50 – Fax : 01 43 98 83 38 – entraide.sociale@ign.fr corinne.jobard@ign.fr

DOCUMENT 2 - Courriel de demande d'inscription en séjour

De : yves.noyer<yves.noyer@ign.fr>
Envoyé : jeudi 3 mai 2018 à 09:26
À : corinne.darbot@ign.fr

OBJET : Inscription colonie IGN 2018 – Villefranche et Roussillon

Bonjour Madame Darbot,
Je souhaiterais inscrire pour la première fois mon fils Clément NOYER en colonie pour 3 semaines en juillet ou en août 2018. Clément est âgé de 12 ans, il aime le sport et en particulier le canoë-kayak. Nous souhaiterions qu'il bénéficie du transport SNCF proposé par l'association ENTRAIDE.

Pourriez-vous compléter et me renvoyer la fiche d'inscription afin que je la signe.

Cordialement.

Yves NOYER,
Gestionnaire

DOCUMENT 3 - Présentation des séjours vacances

Centre de vacances de Villefranche (41)

6 - 11 ans

- **Juillet : du lundi 9 au lundi 30 juillet 2018**
- **Août : du vendredi 3 août au vendredi 24 août 2018**

Entre Vierzon et Romorantin (à 230 km de Paris)

La colonie permet une adaptation progressive et « en douceur » à une première expérience en groupe, hors du cadre familial, en petit effectif, pour une durée de 2 à 3 semaines selon vos choix.

Le centre est agréé Jeunesse et Sport et accueille jusqu'à 60 enfants maximum. Il est situé au cœur d'un parc de 4 hectares équipé d'une piscine, d'une aire de jeux et d'un minigolf.

Le centre ne propose pas de stage intensif, mais un thème dominant permettant aux enfants de découvrir le monde du cirque, de la magie, des multimédias ou toutes autres activités en cohérence avec le projet pédagogique du directeur du Centre.

Suivant les possibilités, les activités suivantes sont le plus souvent pratiquées : ateliers d'éveil manuel et d'expression, grands jeux aquatiques et de plein air, ping-pong, VTT, mini-camp à la ferme, canoë-kayak, équitation, accrobranche, pêche à la ligne, visites culturelles et sorties dans les parcs d'attractions et base de loisirs des environs.

Les locaux mis à disposition offrent aux enfants une grande salle de restauration avec pergolas, une vaste salle de jeux équipée d'un coin bibliothèque et d'une ludothèque, ainsi qu'un grand barnum sous toile en extérieur muni d'un baby-foot.

L'hébergement s'effectue en chambre de 8 lits. Chaque enfant bénéficie d'un coin qui lui appartient, équipé d'un lit, d'une petite table et d'une armoire. Sanitaires complets à proximité.

Centre de vacances de Roussillon (84)

12 - 17 ans

- **Juillet : du lundi 9 au lundi 30 juillet 2018**
- **Août : du vendredi 3 août au vendredi 24 août 2018**

Entre Avignon et Apt (à 725 km de Paris)

Le camp est situé tout près du parc national du Libéron, au cœur des carrières d'ocre et bénéficie d'un panorama exceptionnel. Il est agréé Jeunesse et Sport et peut accueillir jusqu'à 40 adolescents maximum.

Le camp dispose sur place d'une piscine et d'un terrain de volley. Les parties communes (cuisine, sanitaires, infirmerie et une grande salle de jeux) sont installées dans les bâtiments en dur.

Les caractéristiques propres à la Région permettent la pratique de nombreux sports tels que spéléo, escalade, canyoning, canoë-kayak et rafting. Il ne s'agit pas de faire des stages spéciaux ou de renforcement sportif, mais de découvrir et de pratiquer un sport dans un contexte de jeu et de plaisir, encadrés par des animateurs sportifs diplômés. La totalité des sports est pratiquée par des animateurs diplômés, dans des conditions de sécurité optimales.

Suivant les possibilités, les activités suivantes sont le plus souvent pratiquées : camping en extérieur, grands jeux aquatiques et de plein air, parcours aventure, VTT, équitation, ateliers de création et d'expression, randonnées, visites culturelles, veillées et soirées à thème.

L'hébergement s'effectue en village sous toile. Chaque marabout 8 places est monté sur sol en dur et équipé d'un éclairage électrique. Chaque participant dispose d'un coin-lit confortable et d'une armoire. Sanitaires complets à proximité à usage collectif.

DOCUMENT 4 - Extrait de la fiche de l'agent Yves NOYER

Identification de l'agent

Intitulé du poste	Gestionnaire
Nom	NOYER
Prénom	Yves
Adresse	17 boulevard de la Libération
Code Postal	94300
Ville	Vincennes
Date de naissance	24/04/1972
Date d'entrée à l'IGN	08/08/2011

Direction	Ressources Humaines
Service	Personnel
Code poste	RH004
Code chauffeur (Badge)	RH004NOYER
Mail IGN	yves.noyer@ign.fr

Statut

Catégorie	B
Filière	Administrative
Grade obtenu	/

Titulaire ou contractuel	Titulaire
Cadre d'emploi	Rédacteur territorial
Type de contrat	CDI

Ayants droit

Nom	NOYER
Prénom	Marie
Adresse	17 boulevard de la Libération
Code Postal	94300
Ville	Vincennes
Date de naissance	10/02/1973
Sexe	F

Nom	NOYER
Prénom	Clément
Adresse	17 boulevard de la Libération
Code Postal	94300
Ville	Vincennes
Date de naissance	07/07/2006
Sexe	M

DOCUMENT 5 - Compte personnel d'activité dans la fonction publique

Extrait de l'Ordonnance n° 2017-53 du 19 janvier 2017 portant diverses dispositions relatives au compte personnel d'activité, à la formation et à la santé et la sécurité au travail dans la fonction publique

Titre Ier : COMPTE PERSONNEL D'ACTIVITÉ ET FORMATION PROFESSIONNELLE TOUT AU LONG DE LA VIE

Article 1

« Art. 22.- Le droit à la formation professionnelle tout au long de la vie est reconnu aux fonctionnaires.

« Il favorise leur développement professionnel et personnel, facilite leur parcours professionnel, leur mobilité et leur promotion ainsi que l'accès aux différents niveaux de qualification professionnelle existants. Il permet l'adaptation aux évolutions prévisibles des métiers. Il concourt à l'égalité d'accès aux différents grades et emplois, en particulier entre femmes et hommes, et à la progression des personnes les moins qualifiées.

« Les fonctionnaires peuvent être tenus de suivre des actions de formation professionnelle dans les conditions fixées par les statuts particuliers.

« Ils peuvent également bénéficier de périodes de professionnalisation comportant des actions de formation en alternance et leur permettant soit d'exercer de nouvelles fonctions au sein d'un même corps ou cadre d'emploi, soit d'accéder à un autre corps ou cadre d'emplois.

« Tout fonctionnaire peut bénéficier, à sa demande, d'un accompagnement personnalisé destiné à l'aider à élaborer et mettre en œuvre son projet professionnel, notamment dans le cadre du conseil en évolution professionnelle. »

Article 2

« Art. 22 ter.- Un compte personnel d'activité est ouvert pour tout fonctionnaire. Il est constitué :

« 1° Du compte personnel de formation ;

« 2° Du compte d'engagement citoyen, dans les conditions prévues par la section 2 du chapitre unique du titre V du livre Ier de la cinquième partie du Code du travail, à l'exception du 2° de l'article L. 5151-7 et du L. 5151-12.

« Le compte personnel d'activité a pour objectifs, par l'utilisation des droits qui y sont inscrits, de renforcer l'autonomie et la liberté d'action de son titulaire et de faciliter son évolution professionnelle. »

Article 3

« III.- L'alimentation de ce compte s'effectue à la fin de chaque année, à hauteur de 24 heures maximum par année de travail jusqu'à l'acquisition d'un crédit de 120 heures, puis de 12 heures maximum par année de travail, dans la limite d'un plafond total de 150 heures.

« Pour le fonctionnaire qui appartient à un corps ou cadre d'emplois de catégorie C, et qui n'a pas atteint un niveau de formation sanctionné par un diplôme ou titre professionnel enregistré et classé au niveau V du répertoire national des certifications professionnelles, l'alimentation du compte se fait à hauteur de 48 heures maximum par an et le plafond est porté à 400 heures.

« Le nombre d'heures de travail de référence pour le calcul de l'alimentation du compte personnel de formation est égal à la durée légale annuelle de travail. Cette durée est calculée au prorata du temps travaillé pour les agents nommés sur des emplois à temps non complet. »

Source : https://www.legifrance.gouv.fr/eli/ordonnance/2017/1/19/RDFF1633117R/jo/texte

DOCUMENT 6 - Formation des agents IGN « extrait »

Extrait – Suivi des formations des agents Du 01/01/2018 au 30/05/2018						
Prénom Nom de l'agent	Fonction	Catégorie		Intitulé de la formation	Organisme de formation	Nombre de Jours (1)
		Emp.	Cadre			
Luc HARAZEM	Responsable adjoint qualité (catégorie A)*		X	Management de la qualité appliqué aux Systèmes d'information géographique	École nationale des sciences géographiques	3
Louis SANIEZ	Agent administratif (catégorie C)**	X		Préparation du Baccalauréat Professionnel Gestion - Administration	Cours Municipaux Adultes Mairie de Paris	12
Christelle MATURIER	Ingénieurs des travaux géographiques et cartographiques (catégorie A)*		X	Traitement statistique de la donnée pour la cartographie	École nationale des sciences géographiques	3
Jean ROUYER	Chef du service de la logistique (catégorie B)*		X	Perfectionnement compétences en anglais	ADICOS FORMATIONS	7

(1) 1 journée = 7 heures de formation ou de travail

** Catégorie A et B : Emplois qualifiés*

*** Catégorie C : Emplois peu qualifiés*

DOCUMENT 7 - Courriel de Serge LISTRAC, service support et exploitation du SI

De : serge.listrac<serge.listrac@ign.fr>
Envoyé : aujourd'hui 10:12
À : VOUS@ign.fr

OBJET : RE : Demande d'informations - Suivi du décompte CPF

Copie d'écran du SI – Fiche Agent IGN

Bonjour,

Pas de difficulté. Il suffira que vous me transmettiez les données à ajouter dans le Système d'Information.

Je vous joins pour information, une copie d'écran d'une fiche salarié générée par le SI.

Bonne journée.

Serge LISTRAC
Service Support et Exploitation du Système d'Information
73 avenue de Paris – 94165 SAINT-MANDÉ CEDEX
01 43 98 80 10 / 01 43 98 84 00
http://www.ign.fr/ IGN INSTITUT NATIONAL DE L'INFORMATION GÉOGRAPHIQUE ET FORESTIÈRE

De : VOUS<VOUS@ign.fr>
Envoyé : mardi 5 juin 2018 14:43
À : serge.listrac<serge.listrac@ign.fr>
CC : kevin.nobourg<kevin.nobourg@ign.fr>

OBJET : Demande d'informations - Suivi du décompte CPF

Bonjour M. Listrac,

Je voudrais savoir s'il est envisageable de faire gérer automatiquement le suivi du décompte des droits CPF des agents de l'IGN.

Actuellement, j'utilise un tableur pour assurer ce suivi, et cela me prend beaucoup de temps. Que pourriez-vous me proposer ?

D'avance merci pour votre aide.

Cordialement,

VOUS
Gestionnaire Administratif
73 avenue de Paris – 94165 SAINT-MANDÉ CEDEX
01 43 98 80 10 / 01 43 98 84 00
http://www.ign.fr/ IGN INSTITUT NATIONAL DE L'INFORMATION GÉOGRAPHIQUE ET FORESTIÈRE

DOCUMENT 8 - Copie écran du SI – Fiche agent IGN

Dénomination

Matricule créé automatiquement	00012035
Qualité	★ Monsieur
Titre	
Nom légal	BLINET
Nom usuel	★ BLINET
Prénom	★ THIERRY
Autres prénoms	
Type de dossier	Agent réel
Pointage	☑

Naissance

Date de naissance	23/08/1959			Age	58
Lieu de naissance	LA CHATRE				
Département de naissance	36 Indre				
Pays de naissance	France				
Numéro de Sécurité Sociale	1	59	08	36	046

Statut

Cadre / statut	ITGCE - INGENIEUR DES TGCE
	FNC - Fonctionnaire
Type engagement	
Situation dans la carrière	Titulaire
Grade / échelle	FA7504 - INGENIEUR DIVISIONNAIRE DES TGCE 2017 - ITGCE
Mode d'accès	A l'ancienneté avancement accéléré

Emploi

Emploi type	ADM BD		
Poste	ADMBD003 ADM BD 003		
Quotité budgétaire	100	/	100
Quotité temps	100	/	100
Modalité d'affectation	Ordinaire		
Emploi de gestion	ADMIN BD		

DOCUMENT 9 - Courriel de Kévin NOBOURG, responsable du personnel

De : kevin.nobourg<kevin.nobourg@ign.fr>
Envoyé : aujourd'hui 13:05
À : VOUS@ign.fr

OBJET : Demandes Agents – Décompte horaire

Bonjour,

Des agents sont venus me voir, ils ne comprennent pas le décompte de leurs heures de travail. Voici leurs demandes :

- Maëva TA ne voit pas pourquoi ses mouvements horaires de la journée du 25/05/2018 indiquent une anomalie.
- Thierry PILAT ne comprend pas le décompte journalier du 30/05/2018.

Je vous remercie de consulter leur décompte horaire et de me faire une proposition de réponse pour chaque demande.

Par ailleurs, pour lever toutes difficultés de compréhension, nous allons adresser une note plus lisible à l'ensemble du personnel afin de rappeler les règles du décompte horaire.

Cordialement,

Kevin NOBOURG
Responsable du personnel
73 avenue de Paris – 94165 SAINT-MANDÉ CEDEX
01 43 98 80 10 / 01 43 98 84 00
http://www.ign.fr/ IGN

DOCUMENT 10 - Extrait de la réglementation du temps de travail à l'IGN

Règles générales de l'horaire variable à temps plein (Extrait livret d'accueil)

L'horaire

La durée légale hebdomadaire du travail est fixée à 35 heures.
Cependant, chaque agent choisit une durée hebdomadaire de travail (36 heures, 37 heures ou 38 h 30), appelée profil horaire. Les droits à congés annuels et à jours ARTT mobiles varient en fonction du type de profil horaire choisi, ainsi que de la quotité de travail à temps partiel et de son mode d'organisation.

La badgeuse

Chaque agent badge en arrivant le matin, à la pause obligatoire de midi et le soir en quittant son travail. Le cycle de travail de référence est la semaine.

Les durées maximales de travail sont :

- 6 heures pour une phase continue de travail ;
- 10 heures par jour ;
- 48 heures par semaine, y compris les heures supplémentaires ;
- 44 heures en moyenne hebdomadaire, sur une quelconque période de 12 semaines consécutives ;
- 180 heures mensuelles de travail effectif.

L'amplitude maximale d'une journée de travail ne peut pas dépasser 12 heures, pauses et repas compris.
Si le salarié travaille au-delà de ces limites, un écrêtage* automatique s'effectue. Le temps de présence supplémentaire disparaît du décompte.
La journée de travail est découpée en plages fixes et en plages mobiles.

Les heures habituelles d'arrivée et de départ sont à choisir entre : 7 h/19 h ou 8 h/20 h

Les plages fixes pendant lesquelles les agents doivent être présents sont : 9 h 30/11 h 30 et 14 h/16 h.

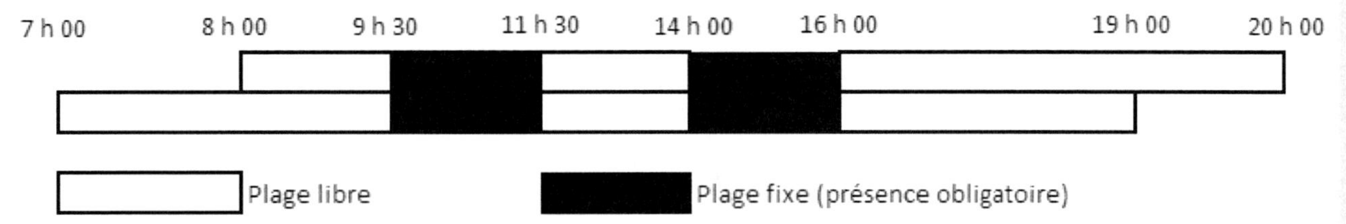

La coupure du midi ne peut pas être inférieure à ¾ d'heure. Même si vous déjeunez en moins de temps, ¾ d'heure seront automatiquement décomptés.

Tout pointage d'arrivée ou de départ à l'intérieur d'une plage fixe conduit à la perte d'une possibilité d'absence.
À la fin d'un mois, les heures excédentaires (celles faites au-delà du quota d'heures associé au profil horaire considéré) jusqu'à concurrence de 8 heures, sont reportées au crédit du mois suivant ou peuvent être placées sur le CHA (crédit d'heures annuel).
Les heures manquantes (celles qui font défaut pour atteindre le quota associé au profil horaire concerné) conduisent à un débit maximal de 4 heures sur le mois suivant. En cas de débit supérieur, l'agent doit régulariser sa situation par la pose de ½ journée de congés ou plus si nécessaire.
En cas de récidive, ou bien dans le cas où la personne ne dispose plus de jours de congés, cette situation conduit à un retrait sur salaire, indépendamment des sanctions disciplinaires encourues.

Le crédit d'heures annuel (CHA)

Il permet de capitaliser les heures excédentaires réalisées dans le mois (dans la limite de 8 heures par mois).
Cette possibilité n'est pas offerte aux agents en horaires dérogatoires.
Il est limité à dix jours dans l'année (en incluant deux jours alimentés automatiquement sur le compte à raison d'une ½ journée par trimestre). Il est réinitialisé au début de chaque année.

[...]

** écrêtage : réduction, ajustement*

DOCUMENT 11 - Récapitulatif horaire journalier de Maëva TA

HOROQUARTZ

WJ1

Nouvelle déclaration | Supprimer déclaration

Matricule	Nom Prénom
TA164	TA Maëva

Vendredi 25/05/2018

Afficher les déclarations : Toutes

La badgeuse indique automatiquement l'heure ainsi : 7,42 qui signifie 7 h 42 min

Page : 1/1

Profil	Théorique jour
38,30	7,42

VOTRE DÉCLARATION | COMPTEURS

Vendredi 25/05/2018 — Etat — Justification

Sens	H réelle	Heure	Lieu	Auteur
E	9.36	9.36	106	*TRT
S	11.46	11.46	106	*TRT
E	14.01	14.01	106	*TRT
S	17.28	17.28	106	*TRT

Présence pointée	Absence	Heures totales	Horaire nuit	Ecart repas
5,37	7,42	13,19	0,00	0,00

DOCUMENT 12 - Récapitulatif horaire journalier de Thierry PILAT

HOROQUARTZ

WJ1

Nouvelle déclaration | Supprimer déclaration

Matricule	Nom Prénom
PIL102	PILAT Thierry

Mercredi 30/05/2018

Afficher les déclarations : Toutes

La badgeuse indique automatiquement l'heure ainsi : 7,42 qui signifie 7 h 42 min

Page : 1/1

Profil	Théorique jour
38,30	7,42

VOTRE DÉCLARATION | COMPTEURS

Mercredi 30/05/2018 — Etat — Justification

Sens	H réelle	Heure	Lieu	Auteur
E	7.01	7.01	104	*TRT
S	13.14	13.14	106	*TRT
E	13.39	13.39	106	*TRT
S	16.46	16.46	104	*TRT

Présence pointée	Absence	Heures totales	Horaire nuit	Ecart repas
9,20	0,00	9,00	0,00	0,20

DOCUMENT 13 - Extrait du livret d'accueil de l'IGN

Les congés et absences

Le détail complet se trouve sur le site de la DRH : http://drh.ign.fr

La demande de congé, la consultation des absences et droit à congés

Chaque agent peut consulter ses dernières absences, faire le point sur ses congés restants et faire ses demandes de congés sur : http://prh-tech.ign.fr/PLEPROD2/ (logiciel interne PLÉIADE).

Les congés annuels

Votre situation :	Vous avez droit à :
Vous avez été présent toute l'année.	Vous avez droit à 25 jours de congés annuels. Vous avez également droit à des jours au titre de la réduction du temps de travail. Vous pouvez bénéficier d'un ou deux jours supplémentaires si vous prenez au moins 8 jours de congés normaux en dehors de la période du 1er mai au 31 octobre.
Vous avez été présent une partie de l'année ou vous travaillez à temps partiel.	Les jours de congés sont calculés au prorata du nombre de jours travaillés.

Les congés maladie

Pour tout arrêt maladie, il faut prévenir son service, adresser impérativement dans les 48 heures, les volets 2 et 3 de l'arrêt de travail au secrétariat de son unité et conserver le volet 1. À défaut d'un envoi sous 48 heures, vous serez en situation irrégulière et vous risquez de perdre vos droits.

Les agents relevant du régime général de la sécurité sociale doivent envoyer leur arrêt de travail au centre de sécurité sociale dont ils dépendent.
Les droits à traitement pendant les congés maladie diffèrent selon les statuts. Détail sur : http://drh.ign.fr/spip.php?article90

Les autorisations d'absence

La note DRH/COM2006-093 du 8 septembre 2006 recense l'ensemble des autorisations exceptionnelles d'absence accordées au sein de l'établissement. Elle est disponible dans chaque secrétariat ou sur l'intranet de la DRH.

Quelques exemples :

- Raisons familiales :
  - soin ou garde d'un enfant malade : jusqu'à 6 voire 12 jours par an (au prorata pour les agents à temps partiel) ;
  - suivi de grossesse : autant que de besoin ;
  - mariage ou PACS : 5 jours ;
  - naissance ou adoption : 3 jours ;
- Concours et examens.
- Parents d'élèves élus représentants ou désignés délégués.
- Fêtes religieuses non inscrites au calendrier des fêtes légales selon circulaire de la direction générale de l'administration et de la fonction publique.

Vous devez déposer une demande d'autorisation d'absence au secrétariat de DRH ou sur le site intranet de la DRH.

Les congés liés à l'arrivée d'un enfant et le congé bonifié

Concernant les congés liés à l'arrivée d'un enfant : maternité, paternité, adoption, présence parentale et le congé bonifié, reportez-vous au site intranet de la DRH pour y faire votre demande : http://drh.ign.fr/spip.php?article40&var_recherche=conges

ANNEXE A - Formulaire d'inscription

(à rendre avec la copie)

Entraide

FICHE D'INSCRIPTION

(Écrire lisiblement)

NOM des parents :

Personnel IGN ☐	Famille du personnel IGN ☐	Adhérent Entraide Extérieur IGN ☐	Extérieur hors IGN ☐

Nom et prénom de l'enfant :

Date de naissance : **Sexe : F** ☐ **M** ☐

Âge exact de l'enfant au début du séjour : ans

VILLEFRANCHE ☐ (6 - 11 ans)		**ROUSSILLON** ☐ (12 - 17 ans)
Juillet 2018		Juillet 2018
Séjour 2 semaines ☐ du lundi 9 au lundi 23 juillet	Séjour 3 semaines ☐ du lundi 9 au lundi 30 juillet	Séjour 3 semaines ☐ du lundi 9 au lundi 30 juillet
Août 2018		Août 2018
Séjour 2 semaines ☐ du vendredi 3 au vendredi 17 août	Séjour 3 semaines ☐ du vendredi 3 au vendredi 24 août	Séjour 3 semaines ☐ du vendredi 3 au vendredi 24 août

L'enfant vient-il pour la première fois ? Oui ☐ **Non** ☐

L'enfant empruntera-t-il les transports de l'Entraide :

Aller : Oui ☐ **Non** ☐**Autre** ☐ **Précisez :**

Retour : Oui ☐ **Non** ☐**Autre** ☐ **Précisez :**

Nom et prénom du parent membre de l'IGN :

Adresse :

Courriel IGN :

ANNEXE B - Extrait du tableau de suivi compte personnel formation au 30/05/2018

(à rendre avec la copie)

% temps travail	NOM	Profil	Année 2016			Année 2017			Année 2018			Intitulé de la formation
			Droits au 30/05/2016 en heures	Utilisation	Reste	Droits au 30/05/2017 en heures	Utilisation	Reste	Droits au 30/05/2018 en heures	Utilisation	Reste	
100 %	HARAZEM	Fonctionnaire titulaire de catégorie A	40	10	30	54	15	39	63	21	42	Management de la qualité appliqué aux systèmes d'information géographique
100 %	SANIEZ	Fonctionnaire titulaire de catégorie C	40	15	25	73	10	63				
50 %	MATURIER	Fonctionnaire titulaire de catégorie A	20	2	18	30	6	24				
75 %	ROUYER	Fonctionnaire titulaire de catégorie B	30	3	27	45	2	43				

ANNEXE C - Budget prévisionnel 2019

(à rendre avec la copie)

		Budget initial 2018	%	Budget prévisionnel 2019	%	
Œuvres sociales	1 - Chèque culture	100 000,00 €				Appliquer une hausse de 4 % sur les séjours vacances et une baisse de 8 % sur le poste « médaille du travail »
	2 - Billets parcs d'attractions	150 000,00 €				
	3 - Séjours vacances	125 000,00 €				
	4 - Chèques vacances	75 000,00 €				
	5 - Médaille du travail	150 000,00 €				
	Sous-total					
Mesures générales applicables de 2018 vers 2019	6 - CSG	125 000,00 €				Augmenter tous les postes de 5 % sauf le 9 et le 11
	7 - Mise en place de la journée de carence	130 000,00 €				
	8 - Avancement de carrière	200 000,00 €				
	9 - Hausse du point d'indice de fonctionnaire	10 000,00 €				
	10 - Refonte des grilles fonctionnaires	70 000,00 €				
	11 - Revalorisation du point d'indice des fonctionnaires	10 000,00 €				
	Sous-total					
Diverses revalorisations	12 - Indemnités de chômage	45 000,00 €				Pas de prime de Noël en 2019
	13 - Accident de travail	20 000,00 €				
	14 - Mutuelle	210 000,00 €				
	15 - Prime d'ancienneté	350 000,00 €				
	16 - Prime de Noël	70 000,00 €				
	Sous-total					
Total enveloppe « personnel » présentée pour vote le 30/10						

8

ÉPREUVE E2 – Gestion administrative des relations avec le personnel

Antilles
Juin 2018

SITUATIONS PROFESSIONNELLES DU BAC PRO GA MISES EN ŒUVRE :

2.1.3 Préparation et suivi des déplacements du personnel
Compétence visée : Préparer et contrôler des déplacements

2.2.1 Participation au recrutement du personnel
Compétence visée : Assurer des opérations administratives liées aux étapes d'un recrutement

2.3.1 Préparation des bulletins de salaire
Compétence visée : Renseigner et contrôler la vraisemblance des états préparatoires aux bulletins de salaire

2.4.4 Participation à la mise en place d'activités sociales et culturelles
Compétence visée : Mettre en œuvre des actions à destination du personnel

PORALUMENUISERIES

BARÈME INDICATIF

Dossier	Pages	Barème
PRÉSENTATION DE L'ENTREPRISE	189	
Dossier 1 – Politique de recrutement des salariés • 1.1. Rédaction d'une annonce d'offre d'emploi • 1.2. Proposition d'une procédure de recrutement	191	**/20**
Dossier 2 – Remboursement des frais de déplacement • 2.1. Renseignement de la fiche de remboursement de frais • 2.2. Formulation d'une proposition d'évolution des modalités de remboursement des frais professionnels	192	**/20**
Dossier 3 – Saisie sur rémunération • 3.1. Renseignement de l'état préparatoire aux bulletins de salaire • 3.2. Proposition d'amélioration de l'état préparatoire aux bulletins de salaire • 3.3. Préparation d'une réponse à un salarié	193	**/20**
Dossier 4 – Organisation d'un évènement destiné au personnel • 4.1. Organisation du déroulement de la journée • 4.2. Préparation des éléments du discours du P.-D.G. • 4.3. Identification de l'impact de la journée sur la cohésion des salariés	194	**/15**
Présentation, soin, orthographe et syntaxe		**/05**
TOTAL		**/80**
TOTAL		**/20**

Documents fournis	**Document 1 –** Fiche de description de poste **Document 2 –** Notes prises lors de la réunion relative au recrutement **Document 3 –** Article web sur l'externalisation des activités RH **Document 4 –** Plafonds d'indemnisation de remboursement des frais de déplacement **Document 5 –** Conversion devise **Document 6 –** Justificatifs des frais de déplacement **Document 7 –** État récapitulatif des frais de déplacement **Document 8 –** Fiche salarié Madame DUMANTO **Document 9 –** Notice explicative barème saisie sur rémunération **Document 10 –** Informations sur la retenue pour saisie sur salaire **Document 11 –** Extrait du bulletin de mai de Monsieur ANSELM **Document 12 –** Courriel de Madame MERCIER – objet : organisation du séminaire **Document 13 –** Itinéraire de Port à Lyon le 20/07/2018 - aller et retour **Document 14 –** Informations sur la croisière restaurant et sur le bowling **Document 15 –** Extrait d'un article sur le site du journal LE PROGRÈS **Document 16 –** Couverture de la bande dessinée qui sera offerte à chaque salarié
Documents à compléter	**Annexe A -** Fiche de remboursement de frais **Annexe B -** Extrait de l'état préparatoire aux bulletins de salaire

PRÉSENTATION DE L'ENTREPRISE

PORALU
MENUISERIES
LE SPECIALISTE
MENUISERIES & FERMETURES
POUR L'HABITAT

PORALUMENUISERIES, est une entreprise du groupe familial français PORALU, fondée en 1968. Elle est localisée dans le département de l'Ain, sur la commune de Port, et compte 188 collaborateurs.

Spécialisée dans la fabrication de menuiseries et fermetures en aluminium ou en PVC, elle conçoit et fabrique ses produits en France.

En 2011, PORALUMENUISERIES a créé un réseau de magasins dédié à sa clientèle de particuliers sous la marque KIONEO.

La forte croissance de l'entreprise l'incite à mettre en place une stratégie de communication régionale et nationale. Elle envisage également le développement de son réseau de magasins KIONEO grâce à de nouvelles implantations. Cette forte croissance a aussi amené l'entreprise, fin 2017, à agrandir son site sur la commune de Port avec une extension de 6 000 m² de bâtiments abritant une nouvelle chaîne de production.

Vous travaillez en qualité de gestionnaire administratif sous la responsabilité de Frédéric CHABERT, directeur administratif, financier et des Ressources Humaines. À ce titre, vous êtes fréquemment amené à collaborer avec les différents responsables des services de l'entreprise.

PORALUMENUISERIES

ZI. Rue des Bouleaux - 01460 PORT
Tél. : 04 74 76 26 66 / Fax : 04 74 76 28 26
Courriel : contact-menuiseries@poralu.fr - www.poralumenuiseries.com
SAS au capital de 2 896 531 €
RCS Bourg-en-Bresse B 418 245 262 - SIRET : 418 245 262 00013
N° TVA intracommunautaire : FR 58 418 245 262 - Code NAF (APE) : 2 223 Z

Organigramme de l'entreprise PORALUMENUISERIES (extrait)

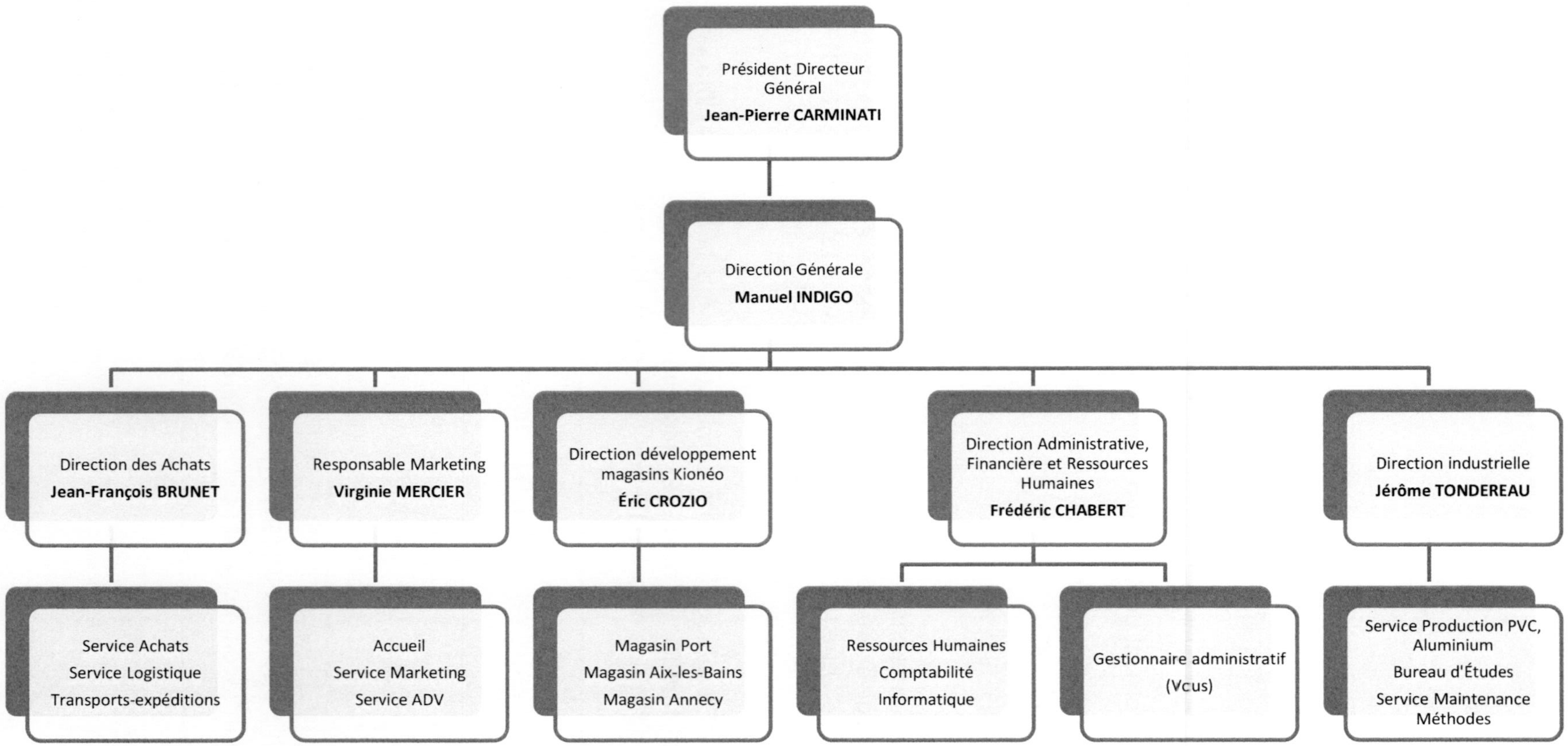

DOSSIER 1 - Politique de recrutement des salariés

Pour accompagner son développement, PORALUMENUISERIES souhaite recruter au 1er septembre 2018 un assistant pour seconder Madame MERCIER dans ses fonctions de marketing.

Une réunion de travail entre la direction générale, la direction des Ressources Humaines et Madame MERCIER a permis de décider de la procédure de recrutement et de dresser le profil du candidat à retenir lors des futurs entretiens. Ce profil a été consigné dans une fiche de description de poste.

Suite à une campagne de recrutement interne qui n'a pas abouti, la direction décide de publier une annonce sur le site internet de PORALUMENUISERIES. Madame MERCIER vous charge de la rédiger avant validation par Monsieur CHABERT.

1.1. Rédiger l'annonce d'offre d'emploi qui sera mise en ligne sur le site internet de l'entreprise. (Composition sur la copie)

Monsieur CHABERT craint que ce support de diffusion ne touche pas un public assez large. En lisant un article sur le web, il réfléchit à la possibilité de recourir à un cabinet spécialisé dans le recrutement. Compte tenu d'un nombre important d'embauches à venir sur le site de production, il voit dans cette solution une opportunité intéressante même s'il ne souhaite pas perdre la main totalement sur le processus de recrutement. Monsieur CHABERT vous confie le document et vous demande d'être force de proposition.

1.2. Proposer une procédure de recrutement à Monsieur CHABERT qui inclurait le recours à un cabinet extérieur. Justifier la proposition. (Composition sur la copie)

Ressources à disposition :

- Fiche de description de poste **(Document 1)**
- Notes prises lors de la réunion relative au recrutement **(Document 2)**
- Article du web sur l'externalisation des activités RH **(Document 3)**

DOSSIER 2 - Remboursement des frais de déplacement

Le marché de la fenêtre aluminium est très concurrentiel et le P.-D.G. souhaite profiter du dynamisme de son entreprise pour investir dans un nouvel outil de production. Cette machine de dernière génération devra permettre d'offrir à sa clientèle de nouveaux produits. Monsieur TONDEREAU, directeur industriel, s'est déplacé sur le salon MACH 2018 qui s'est tenu récemment à Birmingham, en Angleterre. L'objectif était de réaliser une première prise de contact auprès d'industriels afin de lancer l'étude de ce projet.

À son retour, Monsieur TONDEREAU remet les justificatifs de déplacement à Monsieur CHABERT qui vous demande de contrôler le dossier avant mise en paiement. Monsieur TONDEREAU, pour ses frais de déplacement réglés avec sa carte bleue personnelle, a supporté des frais de transaction bancaire (retenue de 1,95 % et frais fixes de 0,60 € sur chaque opération). Il en sera remboursé sur présentation des justificatifs. À l'avenir, il souhaite ne plus être confronté à ce type de problème.

2.1. Compléter la fiche de remboursement de frais. (Annexe A à rendre avec la copie)

2.2. Proposer une évolution possible des modalités de remboursement des frais professionnels pour prendre en compte la demande de Monsieur TONDEREAU. (Composition sur la copie)

Ressources à disposition :

- Plafonds d'indemnisation de remboursement des frais de déplacement **(Document 4)**
- Conversion devise **(Document 5)**
- Justificatifs des frais de déplacement **(Document 6)**
- État récapitulatif des frais de déplacement **(Document 7)**

DOSSIER 3 - Saisie sur rémunération

Courant mai 2018, le tribunal d'instance de Bourg-en-Bresse a adressé à PORALUMENUISERIES, par lettre recommandée avec accusé de réception, la notification d'un acte de saisie sur rémunération concernant un de ses salariés, Madame Aline DUMANTO, assistante commerciale.

Cette salariée a fait l'objet d'une procédure judiciaire à la suite du non-paiement d'une dette d'un montant de 2765 €. Après plusieurs relances restées sans réponse, le créancier a intenté une action en justice pour obtenir de la salariée le recouvrement de la somme.

Le directeur des ressources humaines doit rencontrer la salariée pour l'informer qu'elle fait l'objet d'une saisie sur rémunération. Lors de cet entretien, il devra lui indiquer le montant qui lui sera retiré chaque mois sur son salaire net ainsi que le nombre de mensualités à rembourser. La première saisie aura lieu sur le salaire de juillet.

3.1. Compléter l'extrait de l'état préparatoire aux bulletins de salaire.
(Annexe B à rendre avec la copie)

3.2. Proposer des améliorations à cet extrait préparatoire pour obtenir un suivi plus efficace des retenues sur salaire. (Composition sur la copie)

Le directeur des ressources humaines a reçu d'un salarié, Monsieur ANSELM, un courriel précisant l'attribution d'une prime exceptionnelle en juin. Il souhaiterait savoir si cela aura une incidence sur le montant de sa saisie-arrêt sur salaire. Sa situation familiale reste inchangée; il a un enfant à charge.

3.3 Préparer les éléments de réponse à transmettre au salarié quant au montant perçu.
(Composition sur la copie)

Ressources à disposition:

- Fiche salarié, Madame DUMANTO **(Document 8)**
- Notice explicative barème saisie sur rémunération **(Document 9)**
- Informations sur la retenue pour saisie sur salaire **(Document 10)**
- Extrait du bulletin de mai de Monsieur ANSELM **(Document 11)**

DOSSIER 4 - Organisation d'un évènement destiné au personnel

Chaque année, PORALUMENUISERIES organise un « séminaire d'été » juste avant la fermeture de l'entreprise pour les congés d'été. Il s'agit d'une journée de loisirs destinée à créer du lien social et à renforcer la cohésion entre les salariés.

Cette année, le séminaire aura lieu à Lyon et prendra la forme d'un tournoi de bowling suivi d'une croisière-repas sur le Rhône.

À cette occasion, la direction offrira à chaque salarié une bande dessinée dont l'action se situe dans le département de l'Ain et dans laquelle toute une page est consacrée à l'entreprise PORALUMENUISERIES. Madame MERCIER et Monsieur CARMINATI y figurent comme personnages dessinés.

Les réservations des prestataires de services pour la journée ont déjà été effectuées par Madame MERCIER, qui sollicite votre aide pour organiser la journée du 20 juillet.

4.1. Organiser le déroulement de la journée afin de diffuser aux salariés le programme du séminaire. (Composition sur la copie)

Après l'apéritif, Monsieur CARMINATI, P.-D.G., prononcera un discours. Il souhaite mettre en avant la cohésion du personnel à travers cette action et les évènements marquants de la société.

4.2. Préparer les éléments du discours de Monsieur CARMINATI. (Composition sur la copie)

Madame MERCIER souhaite pouvoir faire un retour à Monsieur CARMINATI sur l'impact du séminaire d'été. Le climat général dans lequel se déroulera cette journée sera un indicateur important du bien vivre dans l'entreprise.

4.3. Suggérer quelques indicateurs à Madame MERCIER pour mesurer l'impact positif sur la cohésion des salariés de la journée festive. (Composition sur la copie)

Ressources à disposition :

- Courriel de Madame MERCIER – Objet : organisation du séminaire **(Document 12)**
- Itinéraire de Port à Lyon le 20/07/2018 - aller et retour **(Document 13)**
- Informations sur la croisière restaurant et sur le bowling **(Document 14)**
- Extrait d'un article sur le site du journal LE PROGRÈS **(Document 15)**
- Couverture de la bande dessinée qui sera offerte à chaque salarié **(Document 16)**

DOCUMENT 1 - Fiche de description de poste

PORALU MENUISERIES

FICHE DE DESCRIPTION DE POSTE

POSTE : Assistant marketing

Rattachement hiérarchique : Direction Marketing

Objectif principal du poste :

Assistance Marketing auprès du directeur du service Marketing en étroite collaboration avec la direction générale et le service commercial.

Contribuer au développement de la notoriété de PORALUMENUISERIES et du réseau KIONEO afin d'atteindre les objectifs fixés par la Direction Générale.

Missions générales :

Afin de remplir ses fonctions, le titulaire prend en charge :

- la communication interne du réseau KIONEO (journal interne, livret d'accueil, affichages…) ;
- les relations presse (régionale et nationale), radio ;
- la gestion du site internet et des réseaux sociaux ;
- la rédaction, réalisation et gestion des outils d'aide à la vente ;
- l'organisation et le suivi d'évènements (formations, séminaires, journée portes ouvertes, salons…) ;
- la collaboration sur les projets marketing.

PROFIL DE POSTE : ASSISTANTE MARKETING	1	2	3	4	5
Formation et expérience					
Expérience réussie dans poste similaire					●
BAC +2 marketing					●
BAC +2 domaine commercial ou communication				●	
Compétences					
Maîtrise de l'outil informatique					●
Maîtrise du graphisme : Photoshop et Indesign					●
Connaissance de l'e-mailing				●	
Connaissance des réseaux sociaux et de la culture Web					●
Anglais			●		
Qualités					
Organisation					●
Minutie					●
Dynamisme					●
Créativité					●

Légende : 1 : Insuffisant - 2 : Possible - 3 : Assez bonne - 4 : Bonne - 5 : Excellente

DOCUMENT 2 - Notes prises lors de la réunion relative au recrutement

Pour le recrutement de l'assistant(e) marketing :

- Cette annonce devra mettre en valeur différentes rubriques : une présentation de notre entreprise en quelques phrases avec notamment la mention du réseau KIONEO, une description du poste et des missions et enfin le profil du poste avec nos critères les plus importants.

- Le poste à pouvoir est en CDI, à temps complet pour un salaire brut annuel de 28 K€.

- Les personnes intéressées répondront en remplissant le formulaire « proposez votre candidature », qui sera également en ligne. Penser à insérer dans l'annonce un lien hypertexte vers ce formulaire, ainsi qu'un lien vers nos autres offres d'emploi.

DOCUMENT 3 - Article web sur l'externalisation des activités RH

Externalisation de votre recrutement : comment laisser les rênes de votre processus de recrutement en toute confiance ?

Alors que les technologies ne cessent d'évoluer, il est paradoxalement de plus en plus difficile de recruter. Trouver le candidat idéal dans un temps raisonnable relève du parcours du combattant. Il existe néanmoins des solutions qui vous permettent de déléguer, d'externaliser, cette délicate mission en toute confiance et dans les meilleures conditions.

L'externalisation du recrutement peut engendrer une optimisation et améliorer l'ensemble des performances en termes de qualité, délais et coûts.

L'externalisation consiste à confier tout ou partie des recrutements à un prestataire de services.

Répondre à un besoin ponctuel ou à un besoin massif de recrutement avec l'externalisation

Plusieurs raisons peuvent engendrer une externalisation du recrutement. Dans un premier temps, elle peut être associée à un manque de ressources internes consécutivement à une forte augmentation de l'activité de recrutement du fait d'une croissance importance de la structure ou d'un turnover trop important. L'efficacité du recrutement peut aussi en être la cause si l'entreprise rencontre des problèmes de qualité ou des délais de recrutement trop longs. Enfin, le savoir-faire des experts d'un cabinet est supposément supérieur à celui des éléments d'un service interne de recrutement, de même que leurs moyens avec l'accès à de véritables viviers de candidats, la consultation de candidathèques, cvthèques et annuaires d'écoles, des recherches sur le web et les réseaux sociaux, la publication d'annonces ciblées et l'utilisation d'un réseau dont seuls ce genre de professionnels peut disposer.

Externaliser le recrutement permet de réduire les coûts de gestion d'un service à temps plein

La mise en place d'une solution d'externalisation présente de nombreux avantages pour le client. Tout d'abord, elle permet une souplesse sur la fonction recrutement. La réduction des coûts associée est évidente avec un budget contrôlé et facilement planifiable, sans parler du gain de temps associé qui augmentera la productivité des services RH par la sous-traitance de tâches chronophages comme le tri des CV ou l'évaluation des candidatures, permettant en conséquence un redéploiement sur d'autres actions stratégiques. La contractualisation du recrutement oblige le résultat, d'où un retour sur investissement accru et une création de valeur pour l'entreprise sans pour autant perdre la main sur le choix des candidats retenus.

Il est possible d'adapter l'externalisation en fonction de votre besoin en recrutement. Plusieurs sociétés proposent aujourd'hui des solutions sur mesure pour répondre à chacune de vos sollicitations en recrutement ou en gestion de personnel. Ci-dessous un éventail des services proposés par les leaders du marché :

- Rédaction et diffusion d'annonces.
- Recrutement par approche directe comme le ferait un vrai cabinet de chasseurs de têtes.
- Recrutement digital sur les réseaux sociaux : LinkedIn et Viadeo.
- Mise à disposition de bases de données de CV.
- Gestion du processus de recrutement : entretiens téléphoniques et physiques.
- Passation de tests techniques et psychologiques, élaboration de tests sur demande.
- Présentation de l'entreprise : travail sur la marque employeur auprès des candidats.
- Présentation des modalités contractuelles : négociation avec les candidats.
- Gestion des contrats des salariés : rédaction, signature et remise.
- Gestion RH : paie, absence, maladies, etc.

Source : http://www.digitalrecruiters.com/

DOCUMENT 4 - Plafonds d'indemnisation de remboursement des frais de déplacement

Indemnités de repas	
Indemnité de restauration dans l'entreprise*	6,40 EUR/repas
Indemnité de repas des salariés en déplacement professionnel**	18,40 EUR/repas
Indemnité de repas ou restauration hors des locaux de l'entreprise***	9,00 EUR/repas
Indemnité d'hébergement	
Indemnité de mission pour le logement et le petit déjeuner :	
À Paris, départements des Hauts-de-Seine, de Seine-Saint-Denis, du Val-de-Marne	65,80 EUR/jour
À l'étranger Union européenne	90,00 EUR/jour
À l'étranger hors UE	110,00 EUR/jour
Dans les autres départements de la France métropolitaine	48,90 EUR/jour
Indemnités de transport	
Utilisation du véhicule personnel : Les frais engagés par le salarié avec son propre véhicule sont remboursés sur le trajet le plus court à un tarif forfaitaire. Les frais de péage sont pris en charge par l'entreprise grâce au badge mis à disposition du salarié.	0, 35 EUR/km
Avion/train : Les frais engagés par le salarié pour faire l'acquisition de titres de transport en commun sont intégralement remboursés.	
Déplacements urbains : Les notes de taxi ne sont pas prises en charge. Les déplacements urbains sont remboursés au coût réel dans la limite de 2 allers-retours par jour.	3,00 EUR/AR
Règle de gestion : Aucune avance de frais n'est versée avant le départ. Chaque demande de remboursement doit être accompagnée de l'intégralité des pièces justificatives des dépenses.	

* **Indemnité restauration :** allocation versée au salarié ou assimilé contraint de prendre une restauration sur son lieu de travail effectif en raison de conditions particulières d'organisation ou d'horaires de travail tel que le travail en équipe, travail posté, travail continu, travail de nuit, travail en horaire décalé.

** **Indemnité repas :** allocation versée au travailleur salarié ou assimilé en déplacement professionnel et empêché de regagner sa résidence ou lieu habituel de travail (empêchement lorsque la distance aller entre la résidence et le lieu de travail est supérieure ou égale à 50 km et que les transports en commun ne lui permettent pas de parcourir cette distance en moins d'1 h 30.).

*** **Indemnité de repas ou restauration :** allocation versée au travailleur salarié ou assimilé en déplacement hors des locaux de l'entreprise ou sur un chantier non contraint de prendre son repas au restaurant (indemnité de collation).

DOCUMENT 5 - Conversion devise

Convertisseur de devises XE

1 EUR = 0,880090 GBP

Euro ↔ Livre britannique

1 EUR = 0,880090 GBP   1 GBP = 1,13625 EUR

DOCUMENT 6 - Justificatifs des frais de déplacement (1/2)

Best Western Buckingham Hotel

Ring Road South
Buckingham MK18 1RY
United Kingdom

Guest Name : TONDEREAU
Room Number : 234
Arrival Date : 11/06/2018
Departure Date : 13/06/2018
Cashier RF
Booking Ref : 18372
Voucher BDC - 99933999333
Invoice Date : 13/06/2018
Invoice No : S28-382993M

Number of Pages : 1 of 1

Txn	Date	item	Charge	Credit	Comment
1	11/06/2018	Accommodation	75,00		
2	12/06/2018	Accommodation	75,00		
3	11/06/2018	Breakfast	10,00		
4	12/06/2018	Breakfast	10,00		
5	13/06/2018	Visa Payment		170,00	
					PAYMENT WITH THANKS
Total Balance Due :		£ -			

Payment Details

Payment Terms on receipt of invoice

Please make payment to : Royal

TAX INVOICE - VAT N° 888 066277			
VAT Summary	Net	Tax	Total
20,00%	141,67	28,33	£ 170,00

DOCUMENT 6 - Justificatifs des frais de déplacement (2/2)

Receipt for travel Taxi

From: [illegible]

To: Airport

Date of travel: 11/06/18 Amount paid: 23

Car Number [illegible]

-Bespoke guided tours • 6 & 8 seaters available • Corporate hire • Bus & rail transfers
•Wedding cars • Airport priority meet and greet • Luxury executive travel

VISA facebook twitter

All major cards accepted. Thank you for using invernesstaxis
DRIVING EXCELLENCE THROUGH THE HIGHLANDS

BINN SMOKEHOUSE
14 MARKET HILL
BUCKINGHAM MK18 1JX
TEL NO 01307 463151
****

12/06/2018 12:43

TABLE 5

RESTAURANT

Lunch Main	13.00	13,00
2 X CHIPS / ONION RINGS 1.75		3,50
--- FOOD		16,50
Prev Bal :		16,50

SUBTOTAL £ 16,50

PAYMENT CONFIRMATION

THIS IS NOT A BOARDING PASS

Customer TONDEREAU Jérôme
Adress ZI RUE DES BOULEAUX
01460 PORT

Supplier Easyjet Airline Company Limited
Adress hangar 89
London Luton
Luton
Beds
LU2 9PF
UNITED KINGDOM

Issue Date 08/06/2018

Booking Date	Flight Route	Flight Rf	Flight Date	Product Produit	Qty Quantité	Unit	Price Prix
08/06/2018	Lyon to Buckingham	ECY8393	11/06/2018	Flight	1	Segment	75,57 EUR
08/06/2018	Buckingham to Lyon	ECY8393	13/06/2018	Flight	1	Segment	60.45 EUR
				Aviation Taxes (APD)	1	per booking	15,11 EUR
				Admin fee	1	per booking	13,95 EUR
						Flight Totals	165,08 EUR

International and UK Domestic flights an flight related products are subject to VAT at 0 % under the VAT number GB745360825

easyJet

DOCUMENT 7 - État récapitulatif des frais de déplacement

PORALU MENUISERIES

Nom du salarié : *TONDEREAU Jérôme*

Service pour lequel a été fait le déplacement : *Direction industrielle*

Dates du déplacement : *11/06/2018 au 13/06/2018*

Objet du déplacement : *salon MACH 2018 – Birmingham*

Nombre de nuitées :	*2*
Nombre de repas du midi :	*1*
Nombre de repas du soir :	*2*
Nombre de km :	*/*
Péage :	☐ Oui ☑ Non
Avion :	☑ Oui ☐ Non
Train :	☐ Oui ☑ Non
Transports urbains :	....

Aucun remboursement ne pourra être effectué en l'absence de pièce justificative. Les modalités de remboursement des frais professionnels sont disponibles auprès du service administratif et financier.

DOCUMENT 8 - Fiche salarié – Madame DUMANTO

Fiche Salarié : DUMANTO Aline

Info générales

Matricule :	0021	**Civilité :**	Madame	**Nom :**	DUMANTO
N° SS :	2 70 08 38 134 109 32	**Nom de naissance :**	PERNAULT	**Prénom :**	Aline

Etat civil / Situation familiale

Nationalité :	France	**Situation familiale :**	Divorcé(e)
Date de naissance :	27/08/1970	**Nombre d'enfants :**	2 Dont 2 à charge
Commune :	GRENOBLE	**Nombre d'adultes :**	0
Département :	ISERE		
Pays	France	**Lien de parenté avec l'employeur :**	

Info. Paye :

Profil :	Mensuel Non Cadre	**Salaire brut mensuel :**	2 494,47
Régime de base :	Régime général	**Heures mensuelles :**	151,67
Organisme de SS :	URSSAF BOURG-EN-BRESSE	**Salaire net mensuel :**	2 040,00
Organisme de Pôle emploi :	Pôle emploi 28		

DOCUMENT 9 - Notice explicative barème saisie sur rémunération

Liberté • Égalité • Fraternité
RÉPUBLIQUE FRANÇAISE

MINISTÈRE DE LA JUSTICE

www.justice.gouv.fr

BAREME DES SAISIES ET CESSIONS DES REMUNERATIONS

NOTICE EXPLICATIVE A DESTINATION DES EMPLOYEURS

à compter du 1er janvier 2016

La fraction insaisissable est la **part de salaire sur laquelle aucune retenue ne peut être effectuée**. C'est une somme minimale qui est laissée à la disposition du salarié qui fait l'objet d'une saisie ou cession des rémunérations.

La fraction insaisissable correspond au montant du RSA (révisé par décret n° 2015-1231 du 06 octobre 2015) attribué à un foyer composé d'une seule personne.

Elle sera donc la même quelle que soit la situation familiale du salarié saisi.

Ce barème est valable **à compter du 1er janvier 2016**, le **décret n° 2015-1842 du 30 décembre 2015** révisant le barème des saisies et cessions des rémunérations entrant en vigueur à cette date.

⚠ Ce barème ne constitue qu'un **outil mis à votre disposition** pour vous aider à calculer les retenues sur salaire opérées au titre d'une saisie ou d'une cession sur rémunération. **Pour déterminer celles-ci, vous devez vous référer aux articles L. 3252-2 et 3 et R. 3252-2 et 3 du code du travail.**

Pour connaître la retenue mensuelle que vous allez devoir déduire du salaire, vous devez :
- identifier le nombre d'enfants ou de personnes à charge,
- consulter sur le barème le montant de la retenue mensuelle dans la colonne correspondant au nombre de personnes à charge.

DOCUMENT 10 - Informations sur la retenue pour saisie sur salaire

RSA SOCLE : 545,48 €		Montant mensuel de la retenue à opérer par l'employeur en € pour un salarié ayant à charge				
Rémunération en euros		0 personne à charge	1 personne à charge	2 personnes à charge	3 personnes à charge	4 personnes à charge
Mensuelle	Annuelle					
1 880,00	22 560,00	559,63	459,71	386,74	313,76	271,07
1 890,00	22 680,00	569,63	466,38	393,40	320,43	274,40
1 900,00	22 800,00	579,63	473,04	400,07	327,10	277,74
1 910,00	22 920,00	589,63	479,71	406,74	333,76	261,07
1 920,00	23 040,00	599,63	487,21	413,40	340,43	284,40
1 930,00	23 160,00	609,63	497,21	420,07	347,10	287,74
1 940,00	23 280,00	619,63	507,21	426,74	353,76	291,07
1 950,00	23 400,00	629,63	517,21	433,40	360,43	294,40
1 960,00	23 520,00	639,63	527,21	440,07	367,10	297,74
1 970,00	23 640,00	649,63	537,21	446,74	373,76	301,07
1 980,00	23 760,00	659,63	547,21	453,40	380,43	307,46
1 990,00	23 880,00	669,63	557,21	450,07	387,10	317,13
2 000,00	24 000,00	679,63	567,21	456,74	393,76	302,79
2 010,00	24 120,00	689,63	577,21	473,40	400,43	327,46
2 020,00	24 240,00	699,63	587,21	480,07	407,10	334,13
2 030,00	24 360,00	709,63	597,21	486,74	413,76	340,79
2 040,00	24 480,00	719,63	607,21	494,79	420,43	347,46
2 050,00	24 600,00	729,63	617,21	507,79	427,10	354,13
2 060,00	24 720,00	739,63	627,21	517,79	433,76	360,79
2 070,00	24 840,00	749,63	637,21	524,79	440,43	367,46
2 080,00	24 960,00	759,63	647,21	534,79	447,10	374,13
2 090,00	25 080,00	769,63	657,21	544,79	453,76	380,79
2 100,00	25 200,00	779,63	667,21	554,79	450,43	387,46
2 110,00	25 320,00	789,63	677,21	564,79	467,10	394,13
2 120,00	25 440,00	799,63	687,21	574,79	473,76	400,79
2 130,00	25 560,00	809,63	697,21	584,79	480,43	407,46
2 140,00	25 680,00	819,63	707,21	594,79	487,10	414,13
2 150,00	25 800,00	829,63	717,21	604,79	493,76	420,79
2 160,00	25 920,00	839,63	727,21	614,79	502,38	427,46
2 170,00	26 040,00	849,63	737,21	624,79	512,38	434,13
2 180,00	26 160,00	859,63	747,21	634,79	522,38	440,79
2 190,00	26 280,00	869,63	757,21	644,79	532,38	447,46
2 200,00	26 400,00	879,63	767,21	654,79	542,38	454,13
2 210,00	26 520,00	889,63	777,21	664,79	552,38	460,79
2 220,00	26 640,00	899,63	787,21	674,79	562,38	457,46
2 230,00	26 760,00	909,63	797,21	684,79	572,38	474,13
2 240,00	26 880,00	919,63	807,21	694,79	582,38	480,79
2 250,00	27 000,00	929,63	817,21	704,79	592,38	487,46
2 260,00	27 120,00	939,63	827,21	714,79	602,38	494,13
2 270,00	27 240,00	949,63	837,21	724,79	612,38	500,79

Source : www.justice.gouv.fr

DOCUMENT 10 - Informations sur la retenue pour saisie sur salaire (suite)

À partir de quel salaire est déterminée la saisie des rémunérations ?

Le salaire à prendre en considération est, au choix de l'employeur, soit la moyenne des salaires nets des douze mois précédents, soit le mensuel net du mois au cours duquel la retenue est opérée. Le montant saisissable est calculé par tranche, et augmente progressivement selon le salaire net et les personnes à charge.

Qui sont les personnes à charge ?

Sont considérées comme personne à charge (art. R3252-3, alinéa 2 du code du travail) :

1° Le conjoint, le partenaire de PACS ou le concubin du débiteur dont les ressources personnelles sont inférieures au montant du RSA socle ;

2° L'enfant ouvrant droit à des prestations sociales et familiales (art. L.512-3 et 4 L.513-1 du Code de la Sécurité sociale) ou l'enfant pour l'entretien duquel le débiteur verse une pension alimentaire ;

3° L'ascendant dont les ressources personnelles sont inférieures au montant du RSA socle et qui habite avec le débiteur ou auquel le débiteur verse une pension alimentaire.

Source : www.justice.gouv.fr

DOCUMENT 11 - Extrait du bulletin de salaire de mai de Monsieur ANSELM

BULLETIN DE PAYE — Période de paye : Du 01/04/2018 au 30/04/2018

Libellé	Base	Taux	Montant	Part patronale Base	Part patronale Taux	Part patronale Montant
Salaire de base	151,67	15,991	2 425,28			
Prime d'ancienneté			72,76			
Salaire brut SS			2 498,04			
Cotisations salariales			578,04			
Cotisations patronales						1 009,21
Salaire net			1 920,00			
Saisie-arrêt sur salaire			487,21			

Congés payés	
Acquis N-1 :	17,50
Acquis en cours N :	10,00
Pris N-1 :	30,00
Reste N-1	0,00

Dates de congés payés

Net à payer : 1 432,79 EUR
Paiement par : Virement
Date de paiement : **30/04/2018**
IBAN : FR7630004008530000230954153

Pour faire valoir vos droits, conservez ce bulletin sans limitation de durée.

DOCUMENT 12 - Courriel de Madame MERCIER – Objet : Organisation du séminaire

…ondre à t… Transférer Supprimer Déplacer Imprimer Marquer Plus

Séminaire d'été du 20/07

De MERCIER Virginie
À Moi
Date 15/06/2018 – 11:04

Bonjour,

Merci de préparer le déroulé horaire complet de la journée du vendredi 20/07. Je vous laisse les itinéraires et les informations des prestataires pour vous aider à planifier la journée.

Nous partirons dans 3 bus depuis le parking de PORALU MENUISERIES. N'oubliez pas :

- de prévoir les heures de départ le matin et de retour le soir
- demander aux salariés d'être présents à l'entreprise environ 20 mn avant l'heure de départ prévue le matin
- que nous avons prévu 30 minutes d'apéritif, dès le départ de la croisière
- de prévoir le discours du PDG après l'apéritif, suivi de la distribution des bandes dessinées (le tout 15 mn)
- d'enchaîner juste après avec le repas
- que le challenge bowling commence à 9h00, mais nous devons arriver 10 mn avant pour poser nos affaires au vestiaire et prendre les chaussures de bowling
- de prévoir 20 mn de trajet entre le bowling et le quai d'où part la croisière-repas.

Virginie MERCIER v.mercier@poralu.fr
Responsable marketing & communication www.poralumenuiseries.com

DOCUMENT 13 - Itinéraire de Port à Lyon le 20/07/2018 – aller et retour

Vers Bowlingstar
De Poralu (SA)

1 h et 1 mn
88 km · A42
Péages obligatoires · Itinéraire le plus rapide

Vers Poralu (SA)
De Lyon City Boat

1 h et 1 mn
88 km · A42
Péages obligatoires · Itinéraire le plus rapide

DOCUMENT 14 - Informations sur la croisière restaurant et sur le bowling

CROISIÈRE RESTAURANT | CROISIÈRE PROMENADE | CROISIÈRE PRIVATIVE | BON CADEAU

CROISIÈRE RESTAURANT

Faites une pause dans votre quotidien et embarquez sur le bateau restaurant Hermès. Succombez à une gastronomie de qualité et explorez les majestueux paysages lyonnais grâce aux commentaires diffusés à bord.

Formule déjeuner ou dîner, croisières de 2H30 ou de 5H30, à chacun ses envies, à chacun sa croisière, à vous de choisir !

13bis cours Rambaud
69002 LYON

INFORMATIONS PRATIQUES

DÉJEUNER CROISIÈRE 2H30

- Ouverture des portes à 12h10
- Départ en croisière à 12h30 > Déjeuner servi à bord
- Débarquement à 15h00

Réservation obligatoire - Départ assuré à partir de 20 participants

DÉJEUNER CROISIÈRE 5H30

- Ouverture des portes à 11h10
- Départ en croisière à 11h30 > Déjeuner servi à bord
- Escale à Neuville sur Saône vers 14h30
- Débarquement à Lyon à 17h00

Réservation obligatoire - Départ assuré à partir de 30 participants

	Dîner croisière 3h	Déjeuner croisière 2h30	Déjeuner croisière 5h30
Du 01/03/2018 au 01/04/2018		Du mardi au dimanche	Pas de départ
Du 02/04/2018 au 05/11/2018	Du mardi au dimanche	Mardi, jeudi, samedi	Mercredi, vendredi, dimanche

BOWLINGSTAR
60 rue Marius Berliet
69008 LYON

Formule « challenge bowling » : 1h30 de tournoi.

Attention, comptez 10 mn pour récupérer vos chaussures et vous installer avant le début du challenge et 15 mn après pour restituer les chaussures et récupérer votre vestiaire.

DOCUMENT 15 - Extrait d'un article sur le site du journal LE PROGRÈS

Menu LE PROGRÈS.fr AIN JURA RHÔNE LYON LOIRE HAUTE-LOIRE — LE PROGRÈS DES ENFANTS — Recherche — Se connecter — ABONNEZ-VOUS Nos formules

Économie – Commune : Port

www.leprogres.fr
Par Matthieu Lambert

PORALU recrute… série en cours

Spécialisée dans les portes et fenêtres, la branche MENUISERIES du groupe basé à Port est en pleine phase d'embauche, à tous les niveaux. Signe des ambitions d'une entreprise en pleine croissance, désireuse de « préparer l'avenir. »

14 000 appartements en accession à la propriété équipés en portes et fenêtres, 520 maisons individuelles, 1 592 logements rénovés chez des particuliers, 310 chalets de montagne, 1 010 édifices classés aux Bâtiments de France, dont sept palaces, comme le Plaza Athénée à Paris. PORALUMENUISERIES sort d'une année pleine. L'entreprise de Port se réjouit de la réussite de Kionéo, son réseau de distribution créé en 2011. « *Quinze clients distribuent ainsi nos produits dans toute la France* », se félicite le président-fondateur du groupe Jean-Pierre Carminati.

Portée par cette bonne passe, la société entend d'ores et déjà « *préparer demain, car nous sommes dans une stratégie permanente d'amélioration du produit* », rappelle Manuel Inigo, directeur général de PORALU. Le site de production s'agrandit d'ailleurs en 2017 de 6 000 m^2 et embauche. La campagne de recrutement bat son plein. À chaque « *nouveau* », Jean-Pierre Carminati, soucieux des « *valeurs d'humilité, d'esprit d'équipe, d'engagement, de rigueur, de respect* », prendra le temps de « *raconter l'histoire de PORALU et comment cette entreprise est née* ». Une belle évolution quand on sait que PORALU ne comptait que deux salariés à ses débuts.

DOCUMENT 16 - Couverture de la bande dessinée qui sera offerte à chaque salarié

Une planche de la bande dessinée représente une scène illustrant le quotidien de Madame MERCIER et Monsieur CARMINATI

ANNEXE A - Fiche de remboursement de frais

(à rendre avec la copie)

Nom du salarié : ....

Service pour lequel a été fait le déplacement : Direction Industrielle

Dates du déplacement : ....

Objet du déplacement : ....

Date	Descriptif de la dépense	Montant de la dépense (en euros)	Montant remboursé (en euros)	Commentaires
Montant total à rembourser				

Observations si pièces manquantes :

Signature du salarié :

Signature du responsable de service :

ANNEXE B - Extrait de l'état préparatoire aux bulletins de salaire

(à rendre avec la copie)

PORALU MENUISERIES

SAISIE SUR RÉMUNÉRATIONS

NOM et prénom du salarié : ....

Poste occupé : ....

Rémunération mensuelle retenue pour le calcul de la saisie sur rémunérations : ....

Retenue mensuelle théorique : ....

Montant de la créance due par le salarié : ....

Nombre théorique de retenues sur salaire* : ....

* Le nombre théorique de retenues correspond au nombre de fois que la retenue mensuelle théorique va être déduite du salaire net du salarié par rapport au montant dû par celui-ci. Arrondir à l'entier supérieur.

Document à archiver dans le dossier du salarié

Achevé d'imprimer : juillet 2021
Imprimé en France
Dépôt légal : 3e trimestre 2021